Der Fall des US-Dollars
Ein zweites Kommen des Nichtangriffspaktes

Anthony of Boston

Der Fall des US-Dollars
Ein zweites Kommen des Nichtangriffspaktes
Copyright © 2022 von Anthony Moore
Alle Rechte vorbehalten. Kein Teil dieses Buches darf ohne schriftliche Genehmigung des Herausgebers in irgendeiner Form auf elektronischem oder mechanischem Wege, einschließlich Informationsspeicher- und -abrufsystemen, reproduziert werden, außer durch einen Rezensenten, der kurze Passagen in einer Rezension zitieren darf.

Inhaltsverzeichnis

Kapitel 1: Fall des US-Dollars

Kapitel 2: Der Aufstieg der deutschen Währung

Kapitel 3: Aufstieg des russischen Rubels

Kapitel 4: Russlands internationale Unterstützung

Kapitel 5: Der erste Nichtangriffspakt

Kapitel 6: Deutschlands Wirtschaftswunder

Kapitel 7: Das Ende der Rubelzone

Kapitel 8: Bitcoin

Kapitel 9: Deutschlands Übernahme der NATO und der Europäischen Zentralbank

Kapitel 10: Ende des US Unipolar Moments

Kapitel 11: Der Aufstieg des amerikanischen Marxismus

Kapitel 12: Ein zweites Kommen des Nichtangriffspaktes

Der Fall des US-Dollars

Kapitel 1: Der Fall des US-Dollars

Der US-Dollar hat zwischen 2002 und 2018 bereits 6 % seines Wertes verloren, da die US-Staatsverschuldung seitdem von 6 Billionen auf 23 Billionen gestiegen ist. Wenn der Dollar seinen Status als globale Reservewährung verliert, wenn Saudi-Arabien aufhört, Öl für US-Dollar zu verkaufen, würde der Dollar weit mehr abwerten. Die US-Wirtschaft behält ein großes Handelsdefizit und Haushaltsdefizit. Im Jahr 2006 erreichte das Handelsdefizit mit etwa 5 % des BIP seinen Höhepunkt und später im Jahr 2020 würde das Haushaltsdefizit bis zu 15 % des BIP erreichen. Das Vorhandensein dieser beiden Defizite hat unter Ökonomen Alarm geschlagen, die glauben, dass der US-Dollar auf einen starken Rückgang zusteuert, bei dem der Übergang zwischen expansivem Wirtschaftswachstum und einer erheblichen wirtschaftlichen Verlangsamung plötzlich erfolgen würde – eine Folge, die zu einem großen Kapitalabfluss führen würde. Makroökonomen warnen seit einigen Jahren davor, dass die hohen US-Defizite unkontrollierbar sind und die wirtschaftliche Stabilität nicht nur in den USA, sondern weltweit beeinträchtigen könnten. Und einige befürchten, dass die steigenden Defizite die großen Kapitalzuflüsse behindern könnten, mit denen die explodierenden Defizite bezahlt werden. Wenn das Defizit und die Staatsverschuldung beispiellose Höhen erreichen und Saudi-Arabien gleichzeitig aufhört, Öl in US-Dollar zu verkaufen, könnte eine solche Abfolge von Entwicklungen dazu führen, dass mehr ausländische Investoren beginnen, ihre Staatsanleihen zu verkaufen, und sie gleichzeitig am Kauf hindern neue. Stakeholder könnten auch ihre auf Dollar lautenden Vermögenswerte loswerden und versuchen, in andere Währungen zu investieren. Dieser Kapitalabfluss könnte die Federal Reserve dazu zwingen, das US Bureau of Engraving and Printing anzuweisen, mehr Geld zu drucken, um das Defizit und die Staatsverschuldung zu bezahlen und eine Zahlungsunfähigkeit der USA zu vermeiden. Der zusätzliche Druck würde jedoch zu weit verbreiteter Inflation und Preiserhöhungen führen. Renten und Ersparnisse würden ihren Wert verlieren, was sich auf die Gemeinschaft der älteren und behinderten Menschen auswirken würde. Der einzige Vorteil für die USA in diesem Währungsabwertungsszenario ist ein wettbewerbsfähigerer Exportmarkt. Aber in der Zwischenzeit würden die Preise in den USA weiter steigen, da sich die Inflation in eine Hyperinflation verwandelt. Der Dollar wertet dann weiter ab und die Nicht-Dollar-Schulden der Vereinigten Staaten werden immer teurer und unüberschaubarer. Die USA stehen dann kurz vor der Zahlungsunfähigkeit. Folglich würden sie versuchen , ihre IWF-Sonderziehungsrechte (SZR) zu verbrauchen, um einen Teil der Staatsschulden zu tilgen, aber das wird nicht ausreichen, da der US-Dollar an Wert verliert und eine der Währungen im Währungskorb ist, die unterstützt die Sonderziehungsrechte. Dies verringert den Gesamtwert des SDR. Aus diesem Grund müssen die USA den IWF um ein IWF-Darlehen bitten, aber der IWF fordert die US-Regierung auf, zuerst die Ausgaben zu kürzen und ihre subventionierten Programme zu reduzieren, wodurch Millionen von von Sozialhilfe abhängigen Amerikanern nach einer anderen Einkommensform suchen. Kriminalitätsraten schießen in die Höhe. Die USA versuchen , die EU um

Der Fall des US-Dollars

einen Kredit zu bitten, aber Deutschland weigert sich wegen der Spannungen, die entstanden, nachdem die USA versuchten, Saudi-Arabien ein Ölembargo aufzuerlegen, nachdem Saudi-Arabien beschlossen hatte, sein Öl für Euro zu verkaufen. Dann wächst der Druck auf die Federal Reserve, die Zinssätze zu erhöhen, da die Regierung vom IWF zu Sparmaßnahmen gezwungen wird, um das IWF-Darlehen zu erhalten. Die Arbeitslosigkeit beginnt zu steigen, da Unternehmen damit beginnen, Arbeitnehmer zu entlassen und Ausgaben zu kürzen. Diejenigen, die in Sozialwohnungen leben, müssen nun Miete zahlen, finden aber aufgrund fehlender Jobs keine Beschäftigung und werden obdachlos. Die USA erwarten, dass Bitcoin den Wert des US-Dollars stützt, bevor die USA versuchen , Bitcoin-Bestände im Ausland gegen harte Währung zu liquidieren, aber ein neuer multilateraler Block von Nationen, die gegen den US-Unipolarismus sind, verhängt gleichzeitig Verbote für Kryptowährungen und kürzt die Liquidität. Bürgerliche Unruhen brechen aus und kommunistische und ethnozentrische Fraktionen beginnen sich in den Vereinigten Staaten zu organisieren, während sich die Wohlstandsschere vergrößert. Lynchmorde und politische Morde werden alltäglich. Die wachsende kommunistische Bewegung in den USA fordert von der Fed eine Lockerung der Geldpolitik. Einige Staaten geben nach, andere nicht. Infolgedessen beginnen viele Staaten entlang der Grenze, die sich fiskalisch verantwortlicher fühlen, damit, ihre Währung zu stempeln, ihre eigene Währung zu drucken, ihre Grenzen zu schließen und staatlich geförderte Milizen zu mobilisieren. Sezessionsartikel werden vorgelegt, aber die Bundesregierung lehnt sie ab und droht mit militärischer Gewalt gegen verschiedene Grenzstaaten, bevor sie Bundestruppen in Staaten entsendet, die mit Sezession drohen. Die Bundesregierung behauptet, die Mission sei es, Bundeseigentum zu schützen. Aber einige Bundesstaaten erklären eine bedeutende Domäne und versuchen, Bundeseigentum zu beschlagnahmen, und es kommt zu einer Pattsituation und dann zu Blutvergießen. Die US-Bundesregierung wird von der internationalen Gemeinschaft beschuldigt, Kriegsverbrechen begangen zu haben, und der Verurteilung folgen weitreichende Sanktionen. China stoppt Exporte von Lithium-Ionen-Batterien in die Vereinigten Staaten und gefährdet damit die Verteidigungsfähigkeit der USA. Russland weitet sein Exportverbot für Düngemittel auf die Vereinigten Staaten aus. Jetzt mischt sich Europa ein. England und Frankreich kommen in die USA, um bei der Aushandlung eines Waffenstillstands zwischen den abtrünnigen Staaten und der Bundesregierung zu helfen. Russen kommen in Lateinamerika an, um Separatistengruppen in Amerika über die Grenze zwischen Mexiko und Texas Militärhilfe zu schicken. Texas wird zur "Ukraine" Amerikas, als Sezessionisten die Gelegenheit ergreifen, ihre Unabhängigkeit zu erklären. Sowohl Mexiko als auch Russland erkennen die Republik Texas offiziell an. Der Krieg geht weiter, doch am Ende wird die Landschaft Nordamerikas unkenntlich. Die Vereinigten Staaten sind gefallen.

Die von den Vereinigten Staaten in den letzten Jahren verfolgte Innen-, Außen- und Wirtschaftspolitik hat die Überlebenschancen des Landes stark beeinträchtigt. Und das obige Szenario ist eine sehr reale Möglichkeit – am bemerkenswertesten ist der Anstieg der kommunistischen Stimmung in Amerika, eine Aussicht, die größtenteils dank der Beibehaltung einer langjährigen entgegenkommenden

Geldpolitik durch amerikanische Finanzinstitute in den Hintergrund getreten ist. Jetzt, da die Inflation kurz davor steht, außer Kontrolle zu geraten, und die politischen Entscheidungsträger Korrekturzinserhöhungen verzögern, hat die US-Wirtschaft einen Punkt erreicht, an dem alle Versuche der politischen Entscheidungsträger, zu einem späteren Zeitpunkt einzugreifen, wenn die Inflation auf eine Hyperinflation abfällt, schwerwiegende wirtschaftliche Auswirkungen haben werden mit denen die Amerikaner nicht fertig werden. Diese späte Intervention wird Dutzende von Amerikanern in ernsthafte finanzielle Schwierigkeiten bringen und eine Öffnung für die latenten kommunistischen Bewegungen bieten, die sich in den letzten Jahren im Schatten des amerikanischen bürgerlichen Lebens zusammengebraut haben. Diese Bedrohung wird sicherstellen, dass die Inflation in Amerika für die kommenden Jahre ein Problem bleiben wird, da die politischen Entscheidungsträger den Forderungen nach einer expansiven und inflationären Geldpolitik nachgeben müssen, um die wachsende breite politische Unterstützung für die Kommunisten einzudämmen, was nur dazu führen wird Inflation verschärfen. Dies ist die Folge davon, dass man zu spät wartet, um das Problem zu lösen .

Der Anstieg der Inflation hat die Debatte darüber, ob die Federal Reserve bestehen bleiben sollte oder nicht, neu entfacht. Während die Federal Reserve sicherlich maßgeblich dazu beigetragen hat, die Wahrscheinlichkeit von Bankausfällen erheblich zu verringern, wurde sie dennoch intensiv auf ihre Fähigkeit zur Eindämmung der Inflation geprüft. Die Federal Reserve betreibt die Druckerei für Dollarnoten. Sie drucken nicht das eigentliche Papiergeld, aber sie bestimmen, wie viel jedes Jahr gedruckt werden soll. Die eigentliche Aufgabe des Druckens von Papiergeld gehört dem Bureau of Engraving and Printing (BEP) des Finanzministeriums. (Münzen werden von der US Mint produziert). Grundsätzlich übermittelt die Federal Reserve einen Auftrag an die BEP, die dann das Geld druckt und an die Federal Reserve sendet. Die Federal Reserve verteilt es dann auf ihre 28 Kassen, die das Geld wiederum an 8.400 Banken und Kreditgenossenschaften im ganzen Land verteilen. Diese Banken und Kreditgenossenschaften halten das Geld in Reserve und der Betrag, den sie verleihen sollten, wird vom Gouverneursrat der Federal Reserve festgelegt, der aus 7 Mitgliedern besteht, die alle vom Präsidenten ernannt und vom Senat bestätigt werden. Die 7 Mitglieder des Federal Reserve Board of Governors gehören alle dem Federal Open Market Committee an. Alle außer dem Vorsitzenden und dem stellvertretenden Vorsitzenden haben eine Amtszeit von 14 Jahren. Der Vorsitzende und der stellvertretende Vorsitzende haben nur eine Amtszeit von 4 Jahren. Für das Geschäftsjahr 2020 bestellte die Federal Reserve 5,2 Milliarden US-Banknoten im Wert von 146 Milliarden US-Dollar. Wenn also im Wirtschaftsdiskurs davon die Rede ist, dass die Fed Geld druckt, ist das genau das, was sie meinen. Heute wird Amerikas Geldmenge den großen Banken digital gutgeschrieben oder belastet, und erst nachdem die Banken das Geld an die Öffentlichkeit verliehen haben, wird das Geld gedruckt. Der zu druckende Betrag wird zwischen dem Federal Open Market Committee (FOMC) und seinen angeschlossenen Wirtschaftsberatern besprochen. Das FOMC ist ein Ausschuss innerhalb der Federal Reserve und ihr geldpolitisches Entscheidungsgremium. Sie haben das ganze Jahr über 8 regelmäßig angesetzte Treffen, bei denen sie Geldpolitik , Zinssätze und Wirtschaftsbedingungen diskutieren. Die Fed erhöht die Zinssätze, indem sie die Federal Funds Rate beeinflusst, die die von den Banken bei einer der 12 regionalen Federal Reserve Banks gehaltenen Reserven sind. Bei FOMC-Sitzungen legt die Federal Reserve ein Ziel für den Federal Funds Rate fest, der den Satz definiert, zu dem Geschäftsbanken ihre überschüssigen Reserven verleihen und sich gegenseitig Kredite gewähren. Die Federal Reserve veranlasst die Banken, ihre Zinssätze zu erhöhen oder zu senken, indem sie entweder den erforderlichen Reservebetrag erhöht oder den erforderlichen Betrag verringert. Wenn die Federal Reserve den Betrag erhöht, der in Reserve gehalten werden muss, werden die Banken in der Höhe, die sie verleihen können, begrenzt. Wenn die Fed den Betrag senkt, der in Reserve gehalten werden muss, können die Banken mehr Kredite vergeben. Die Federal Reserve kann die Zinssätze auch beeinflussen, indem sie den Zinssatz ändert, den die Federal Reserve Bank auf Reserveguthaben zahlt. Dadurch wird der Fed Funds Rate begrenzt, da Banken sich niemals dafür entscheiden werden, von einer anderen Bank zu einem höheren Zinssatz zu leihen, als sie erhalten würden, wenn sie einfach direkt bei der Federal Reserve Bank leihen würden. Wenn die Wirtschaft nicht auf Zinssenkungen reagiert, wendet sich die Federal Reserve durch ihre Offenmarktgeschäfte der quantitativen Lockerung (QE) zu, um die Wirtschaft anzukurbeln. Sie begannen, Staatsanleihen und hypothekenbesicherte Wertpapiere aufzukaufen, wodurch das Angebot auf dem Markt verringert wurde. Durch den Kauf von hypothekenbesicherten Wertpapieren stabilisiert die Federal Reserve die Immobilienbranche , beugt Arbeitsplatzverlusten vor und erhöht die Bereitschaft der Anleger, neue Hypotheken zu kaufen. Wenn die Federal Reserve US-Staatsanleihen kauft, erhöht sie die Geldmenge und die Bankreserven. Die Verringerung des Tempos dieser QE-Aktivitäten wird Tapering genannt. Taping kann es verlangsamen der Wirtschaft ohne eine entsprechende Zinserhöhung für kurzfristige Kredite.

Vor der Gründung der Federal Reserve wurde Amerikas Geldmenge von der 1791 gegründeten First Bank of the United States und später von der 1816 gegründeten Second Bank of the United States kontrolliert. Die First Bank of the United States wurde auf Ersuchen des Finanzministers Alexander Hamilton vom Kongress gegründet und war das größte Unternehmen der Nation , wurde jedoch von den Amerikanern auf dem Land, die sich mit einer so mächtigen Einheit nicht wohl fühlten, weitgehend abgelehnt. Als die Charta der Bank 1811 (nach 20 Jahren) auslief, stimmte der Kongress gegen eine neue. Im Jahr 1816 gewannen die Politiker jedoch wieder an Eifer für die Schaffung einer Zentralbank, und zu diesem Zeitpunkt beschloss der Kongress, eine solche zu gründen Zweite Bank der Vereinigten Staaten. Aber als Andrew Jackson 1828 Präsident wurde, schwor er, es zu zerstören. Er appellierte an populistische Gefühle , indem er die bankierkontrollierte Macht der Bank kritisierte, und 1836, als die Charta der Bank auslief, weigerte sich der Kongress, sie zu erneuern. Andrew Jackson würde es schaffen, alle verzinslichen Schulden Amerikas durch den Verkauf von Staatsland zu begleichen, blieb aber ohne eine einzige nationale Währung zurück. Nach dem Auslaufen der Zweiten Nationalbank bestand die Geldmenge der Nation aus privaten Banknoten, die von staatlich lizenzierten Banken ausgegeben und gegen Gold oder

Der Fall des US-Dollars

Silber eingelöst werden konnten. Diese Form des Geldsystems war sehr chaotisch und in den 1860er Jahren waren in den USA 8000 verschiedene Privatscheine im Umlauf. In einigen Fällen akzeptierten Banken keine Banknoten, die von Banken ausgegeben wurden, mit denen sie nicht vertraut waren. Das zunehmende Volumen von Schecktransaktionen führte schließlich 1853 zur Gründung der New York Clearinghouse Association, die es Banken ermöglichte, Schecks und Rechnungen einzulösen. Diese Banken boten auch Sichteinlagen an, die einfach Bankeinlagen sind, die jederzeit ohne Vorauszahlung abgehoben werden können Notiz.

Während des amerikanischen Bürgerkriegs wurde der National Banking Act von 1863 verabschiedet. Dadurch entstanden nationale konzessionierte Banken, die durch Staatsanleihen besicherte Schuldtitel ausgaben und dem Land eine nationale Währung verschafften, die es der Regierung ermöglichte, die Unionsarmee während des amerikanischen Bürgerkriegs zu finanzieren. Diese Papiernotizen wurden wegen des grünen Aufdrucks auf der Rückseite Greenbacks genannt und wurden in zwei Formen gedruckt: Demand Notes und United States Notes. In Juli aus 1861, Kongress autorisiert das Drucken aus 50.000,00 in Schuldscheinen zwecks Finanzierung des Bürgerkriegs. Diese Banknoten konnten gegen Gold oder Hartgeld eingetauscht werden; Specie ist Geld in Form von Münzen. Die United States Notes hingegen waren durch nichts gedeckt, sondern wurden als gleichwertig mit den Demand Notes angesehen. Wegen der drohenden schweren Schuldenkrise wurde der Kongress aufgefordert, 1862 den „Legal Tender Act" zu verabschieden, der den Druck von 150.000.000 US-Dollar erlaubte. In der Zwischenzeit wurden die Demand Notes bis Mitte 1863 schrittweise eingestellt. Der Wert der US-Note gegenüber Gold schwankte bis nach dem Bürgerkrieg, als er auf das Niveau von Gold stieg. Als dies geschah, wurden die United States Notes in Gold konvertierbar. Und das trotz der im Nationalbankgesetz vorgesehenen Währungsstabilität 1863 setzten Bankruns und Finanzpaniken der Wirtschaft weiterhin Schaden zu. 1893 löste eine Bankenpanik eine verheerende Depression aus, in deren Verlauf 575 Banken zusammenbrachen oder ihre Geschäfte aufgaben. Es war üblich, dass Banken ihr Geschäft aufgaben, um einen Konkurs zu vermeiden, indem sie ihre Vermögenswerte liquidieren mussten, um die Abhebungsforderungen der Einleger zu erfüllen. Anschließend stabilisierte sich die Wirtschaft nicht bis JP Morgan eingegriffen.

Die Bankenpanik von 1907 führte zur Gründung des Federal Reserve Systems und fand zwischen dem 14. Oktober 1907 und dem 6. November 1907 statt. Sie wurde durch ein Aktienmanipulationsprogramm ausgelöst, das darauf abzielte, Leerverkäufer zu zwingen, ihre Positionen durch den Rückkauf ihrer geliehenen Aktien zu decken Anteile. F. Augustus Heinz, ein Bergbau-Tycoon, der Aktien der United Copper Company besaß, glaubte, dass Leerverkäufer den Aktienkurs nach unten trieben. Zusammen entwickelten er, sein Broker-Bruder Otto Heinze und der Wall-Street-Banker Charles W. Morse eine Strategie, um Leerverkäufer zu zwingen, ihre Positionen zu decken, und erzeugten so einen Kaufdruck, der den Kurs der Aktie in die USA in die Höhe treiben würde. Der Plan war, aggressiv Aktien der United Copper Company zu kaufen, sodass die Leerverkäufer keine andere Wahl hatten, als ihre geliehenen Aktien von den Heinzes zurückzukaufen, die nur ihren Preis nennen konnten. Die

Leerverkäufer konnten jedoch billigere Aktien der United Copper Company aus anderen Quellen finden. Dies trieb den Aktienkurs nach unten und ließ den Aktienkurs der United Copper Company schnell einbrechen. Die State Savings Bank of Butte, Montana, erklärte Konkurs, weil sie große Aktienpositionen der United Copper Company hielt , die als Sicherheit für einen Teil ihrer Kreditvergabe dienten. Sie waren auch eine Korrespondenzbank mit der Mercantile National Bank, deren Präsident F. Augustus Heinze war. Der nun verdorbene Ruf von Heinze und seinen Mitarbeitern als Ergebnis des gescheiterten Plans führte zu einem massiven Bankenansturm, bei dem Einleger eilig Geld von Mercantile und anderen mit Heinze verbundenen Banken abzogen. Die Panik breitete sich auf alle Finanzinstitute aus, die mit jemandem in Verbindung standen, der an dem Manipulationsprogramm beteiligt war. Die Panik wurde später von dem Finanzier JP Morgan unter Kontrolle gebracht, der einen Großteil seines eigenen Geldes mobilisierte, um das Bankensystem zu stabilisieren. Er riet auch anderen Bankern, dasselbe zu tun. Die Panik unterstrich die Ineffektivität des unabhängigen Finanzsystems, das damals die Geldversorgung der Nation verwaltete. Eine Untersuchung der Krise führte zur Schaffung des Federal Reserve System. Als diese Bankenpanik zu wachsenden Rufen nach einer Bankenreform führte, wuchs unter den meisten Amerikanern ein Konsens über die Autorität der Zentralbank und eine elastische Währung. Das Aldrich-Vreeland-Gesetz wurde 1908 als Reaktion auf die Panik von 1907 verabschiedet und sah die Ausgabe von Notgeld während Finanzkrisen vor. Es schuf auch die National Monetary Commission, um Lösungen für die Bankprobleme der Nation zu finden. Die Kommission entwickelte einen bankkontrollierten Plan, der jedoch von Progressiven, die eine Bank unter öffentlicher Kontrolle und nicht unter der Kontrolle der Bankiers wollten, weithin angefochten wurde. Die Wahl von Woodrow Wilson zum Präsidenten würde jedoch die Voraussetzungen für eine dezentralisierte Zentralbank schaffen, da er mit der Verabschiedung des Federal Reserve Act zu spät kommen würde 1913

Der Kompromiss, der der Gründung der Federal Reserve folgte, war der Anstieg der Inflation. Vor dem Federal Reserve System war die US-Wirtschaft deflationärer. In den 1800er Jahren kam es zwischen 1817 und 1860 und zwischen 1865 und 1900 zu einer Deflation. Von 1800 bis 1940 stiegen die Lebenshaltungskosten um durchschnittlich nur 0,2 % pro Jahr. Es ging tatsächlich 69 Mal zurück. Die durchschnittliche jährliche Inflation zwischen 1790 und 1914 betrug nur 0,4 %. Im Gegensatz dazu betrug die durchschnittliche jährliche Inflation zwischen 1914 und 2021 3,24 %. Nach 1913 war eine Deflation selten und trat nur zwischen 1930-1933 und zwischen 2007-2009 auf. Der Anstieg der Inflation nach 1913 kann auf beide Eliminierungen zurückgeführt werden der Goldstandard und die Geldoperationen der Federal Reserve.

Von 1929 bis 1932 brach die Wirtschaft zusammen, was der Beginn der Weltwirtschaftskrise war. Der Börsencrash begann am 24. Oktober 1929, dem Schwarzen Donnerstag, und dauerte bis zum Dienstag der nächsten Woche, dem 29. Oktober 1929, bekannt als Schwarzer Dienstag. Die 1920er Jahre waren wirtschaftlich erfolgreich und man glaubte, dass der Markt für immer steigen würde. Im März 1929 warnte die Federal Reserve jedoch kurz vor einem kurzen Einbruch vor übermäßiger Spekulation. Maßnahmen zur Eindämmung der Spekulation könnten als Katalysator für den Crash angesehen werden, da die Spekulation in den 1920er Jahren eine große Rolle bei der Marktexpansion spielte. Als weiterer Grund für den Absturz wurden Banken gesehen, die Einlagen an der Börse platzierten. Der wirtschaftliche Abschwung von 1930 bis 1933 war das erste Mal, dass die USA nach der Gründung der Federal Reserve im Jahr 1913 in eine deflationäre Phase eintraten. Die Deflation kehrte erst im Geschäftsjahr 2007-2008 zurück Krise.

In den Jahren 1973 und 1974 befand sich die Weltwirtschaft in einer Rezession, was zum großen Teil auf eine Stahlkrise, die Ölkrise von 1973 und den Zusammenbruch des Bretton-Woods-Systems zurückzuführen war. Immer mehr Nationen wurden industrialisiert und dies führte zu mehr Wettbewerb in der Metallindustrie. 1973 kündigte die OPEC jedoch ein Embargo für alle Nationen an, die Israel während des Jom-Kippur-Krieges unterstützten. Dies zum Nachteil jener Nationen, die stark vom Öl abhängig waren. Unterdessen wurde der Druck auf den Dollar verstärkt, als die USA aus dem Bretton-Woods-Abkommen von 1971 ausstiegen, in dem der US-Dollar zu 35 $ pro Unze an Gold gekoppelt war, während alle anderen Währungen an den Dollar gekoppelt waren.

Das Bretton-Woods-Abkommen war eine neue Weltwirtschaftsordnung, die im Juli 1944 in Bretton Woods, New Hampshire, gegründet wurde. Delegierte aus 44 Nationen entwarfen ein internationales Währungssystem, das als Bretton - Woods -System bekannt ist, um Hindernisse zu umgehen, die Nationen daran hinderten, auf der internationalen Bühne uneingeschränkt mit anderen zusammenzuarbeiten. Nach dem Ersten Weltkrieg gab ein Großteil der Welt den klassischen Goldstandard auf, was zu einer weit verbreiteten Abwertung der nationalen Währungen führte, um Handelsvorteile zu erlangen. Die Nationen verhängten auch Handelsbeschränkungen und protektionistische Maßnahmen, die beide die Weltwirtschaftskrise verschärften. Bei Bretton Woods formulierten die Anwesenden ein internationales Währungssystem, das Währungsabwertungen verhindern und gleichzeitig das Wirtschaftswachstum fördern würde. Die Hauptideen für dieses neue Wirtschaftssystem kamen von John Maynard Keynes, einem Berater des britischen Finanzministeriums, und Harry Dexter White, dem Chefökonom des Finanzministeriums. Keynes schlug die Schaffung einer großen globalen Zentralbank vor, die bei Ungleichgewichten in der Weltwirtschaft eingreifen würde. Diese Bank würde Clearing Union heißen und eine globale Währung namens „Bancor" ausgeben, die zur Korrektur internationaler Ungleichgewichte verwendet würde. Jede Nation würde eine Kreditlinie erhalten, um die Probleme auszugleichen, ein Nettoverbraucher zu werden, was im Grunde darauf zurückzuführen ist, dass eine Nation mehr Waren importiert als exportiert. Diese Kreditlinie war zusätzlich gemeint zu entmutigen Nationen aus Betrieb a Exzess – dh es werden mehr Waren exportiert als importiert – da dies die Stornierung des Excess Bancor an die Clearing Union erfordern würde. White hingegen schlug vor, dass das neue Währungssystem einen Stabilisierungsfonds unterhalten sollte, der mit einer Reihe nationaler Währungen und Gold im Wert von 5 Millionen Dollar finanziert werden sollte, was die Höhe der Kreditaufnahme durch Reserven begrenzen würde. Der gewählte Plan folgte dem Vorschlag von White. Allerdings wurde Keynes' Besorgnis über Nationen, die

Überschüsse erzielen, mit der Idee begegnet, dass eine Klausel hinzugefügt werden könnte, die es dem Fonds ermöglichen würde, die Währung der Nation, die die Überschüsse erzielt, zu rationieren. Außerdem wurde beschlossen, die Gesamtmittel des Fonds von 5 Millionen auf 8,5 Millionen zu erhöhen. Die 730 Delegierten von Bretton Woods einigten sich darauf, zwei Institutionen zu gründen. Der erste war der „Internationale Währungsfonds" (IWF), der die Wechselkurse überwachte und Reservewährungen an Nationen verlieh, die Zahlungsbilanzdefizite hatten, weil sie mehr importierten als exportierten. Die zweite war die Weltbankgruppe, die für die Bereitstellung finanzieller Unterstützung sowohl für den Wiederaufbau nach dem Zweiten Weltkrieg als auch für Schwellenländer verantwortlich war, die nach wirtschaftlicher Entwicklung strebten. Der IWF wurde 1945 formalisiert, als sich die Mitgliedsländer bereit erklärten, ihre Währungen an den Dollar zu koppeln, während der Dollar zu 35 $ pro Unze an Gold gekoppelt war. Bis 1958 würde dieses System voll funktionsfähig sein. 1969 schuf der IWF seine eigenen Währungsreserven namens Sonderziehungsrechte (SZR), die durch einen Währungskorb gedeckt sind, der bei internationalen Transaktionen eine herausragende Rolle spielt. Die finanziellen Vereinbarungen des IWF mit den Mitgliedsländern lauten auf SZR, und jedem Mitgliedsland wird ein Teil der SZR basierend auf wirtschaftlichen und monetären Faktoren zugeteilt (Nationen mit stärkeren Volkswirtschaften haben tendenziell höhere SZR-Quoten und -Zuteilungen). Durch den Austausch von SZRs mit anderen Mitgliedsnationen gegen harte Währung können die Nationen ihre Schulden besser begleichen. Der IWF vergibt auch Hartwährungskredite an Länder, die finanzielle Schwierigkeiten haben.

Nachdem der IWF ursprünglich gegründet wurde, waren die Vereinigten Staaten dafür verantwortlich, die Goldpreise festzuhalten und das Dollarangebot anzupassen, um das Vertrauen in die Konvertierbarkeit von Gold zu stärken. Das Bretton-Woods-System blieb stabil, bis die US-Zahlungsbilanzdefizite ein Ungleichgewicht schufen, bei dem ausländische Dollars die Menge an US-Gold übersteigen würden Teilen.

Der Dollar war frei in Gold konvertierbar, aber als sich die USA 1971 aus dem Bretton-Woods-Abkommen zurückzogen, war die Konvertibilität in Gold nicht länger haltbar, da Amerikas Goldvorräte im Laufe der Zeit erschöpft waren. Auf diese Weise wurde der Dollar zu einer ungedeckten Fiat-Währung, das heißt, bis zum Petrodollar-Abkommen, das 1973 von Präsident Richard Nixon und Außenminister Henry Kissinger unterzeichnet wurde, als der Zusammenbruch des Goldstandards einen globalen Bärenmarkt auslöste. Der Kern des Deals war, dass die USA zustimmen würden, Saudi-Arabien militärisch zu verteidigen, im Austausch dafür, dass das gesamte Öl auf US-Dollar lautet. Eine weitere Option in diesem Arrangement wäre der Kauf von US-Staatsanleihen mit den zusätzlichen Gewinnen aus Ölverkäufen. Kurz darauf wurde 1975 eine Einigung erzielt, als Saudi-Arabien und alle OPEC-Länder vereinbarten, ihr Öl für US-Dollar zu verkaufen und ihre Ölerlöse auch in US-Treasuries zu halten. Im Gegenzug würden sich die USA bereit erklären, militärische Unterstützung und Sicherheit bereitzustellen. Das Ergebnis war, dass der US-Dollar zur Reservewährung der Welt wurde, da ein Großteil der weltweiten Energiebörsen in US-Dollar abgewickelt wurden. Diese exponentiell erhöhte weltweite Nachfrage nach US-Dollar, da alle ausländischen Regierungen, die von Ölimporten aus dem Nahen Osten abhängig waren, US-Dollar halten mussten, um es kaufen zu können. Im Wesentlichen war der US-Dollar einfach von der übergegangen Gold Standard zu das Öl Standart und diese erhöht Nachfrage zum US-Dollar und gab den USA mehr Beinfreiheit, um größere Geldbeträge zu drucken, bevor eine gefährliche Inflation einsetzte. Kernpunkte des Deals: Die Saudis würden ihr Öl nur noch in US-Dollar verkaufen und die überschüssigen Gewinne in US-Staatsanleihen investieren, während die USA dies tun würden vereinbaren, die Sicherheit Saudi-Arabiens mit militärischer Unterstützung zu gewährleisten.

Die Standardaussichten für Interventionen sind, dass die Federal Reserve bei hoher Inflation normalerweise die Zinssätze erhöhen kann, um die Wirtschaft zu bremsen. Wenn die Inflation niedrig ist, kann die Federal Reserve normalerweise die Zinssätze senken, um die Wirtschaft anzukurbeln. Ein Beispiel dafür, wie dies in Echtzeit angewendet wird, ist, als Paul Volcker, der zwölfte Vorsitzende des Board of Governors des Federal Reserve System, 1980 die Zinssätze erheblich erhöhte, um die große Inflation zu reduzieren, die während des gesamten Jahrzehnts der 1970er Jahre auftrat. Es ist wahrscheinlich, dass die Große Inflation sowohl als Folge des Zusammenbruchs des Bretton-Woods-Systems als auch als Folge des PetroDollar-Abkommens von 1973 entstand, das es den USA erlaubte, aufgrund der höheren weltweiten Nachfrage nach US-Dollar mehr Bargeld zu drucken, aber ohne eine Möglichkeit, die Geldaggregate zu erklären, die für die finanzielle Stabilität des Geldsystems einer Nation verantwortlich sind. Das Verhältnis des Geldumlaufs zu dem in Reserve gehaltenen Geld war während eines Großteils der 1970er Jahre schwer zu verfolgen, aber Paul Volker bestand darauf, dass sich das FOMC auf Strategien konzentrierte, um mit dem Wachstum der Geldmenge umzugehen, um die Inflation zu senken. Volker würde daher die Zinssätze im März 1980 auf 20 % anheben, bevor er sie im Juni senkte. Als die Inflation anschließend wieder anstieg, erhöhte Volker die Zinssätze im Dezember 1980 wieder auf 20 % und hielt sie bis Mai 1981 über 16 %. Diese als Volcker-Schock bekannte Strategie funktionierte und beendete die Große Inflation. Obwohl dies eine einfache Methode ist, ist sie es nicht Löschen jedermann da zum Inflation. Während das Föderation Reservierungen Während sie die Geldmenge erhöhen oder verringern können, indem sie die Mindestreserveanforderungen für Banken erhöhen oder senken, haben sie immer noch keine Kontrolle über die Preise von Waren und Dienstleistungen durch die Produzenten. Diejenigen, die Waren und Dienstleistungen verkaufen, können die Preise als Reaktion auf geldpolitische Straffungsmaßnahmen in einer Weise erhöhen, die die politischen Entscheidungsträger dazu zwingen würde, die Geldmenge zu erhöhen , was die Inflation weiter anheizen würde. Nach der Finanzkrise 2008, in der die Federal Reserve Milliarden von Dollar in Wertpapierfirmen an den Rand des Zusammenbruchs pumpte, erfuhr der Begriff der Ökonomie eine deutliche Verschiebung, in der die Geldmenge sowohl in Höhe als auch in Geldmengenauflage und -auflage wurde Menge davon, die gedruckt werden konnte, wurde definiert. Dies ist eine hässliche Aussicht, da die Händler jetzt möglicherweise weniger besorgt über die Fiskalpolitik sind, die darauf abzielt, die Geldmenge zu straffen und die

Der Fall des US-Dollars

Inflation zu senken. Dies beschwört an sich eine Realität herauf, in der die Inflation zu einer Hyperinflation wird und einen Punkt erreicht, an dem sie nicht mehr auf die Umsetzung der Geldpolitik reagiert, da die Produzenten angesichts des PetroDollar-Abkommens von 1973 darauf bestehen würden, dass das US-Finanzministerium mehr Geld druckt, um mit dem Preis Schritt zu halten von Waren. Dieses Ausmaß der Hyperinflation könnte nur durch eine Überarbeitung des derzeitigen Systems angegangen werden. Die Wiedereinführung des Goldstandards wird damit zur einzigen Lösung, um die Inflation einzudämmen. Es sei denn, der Bund Reservierungen kann beweisen zu das Geschäft das leicht Drucken Mehr Geld ist auch vor dem Hintergrund der anhaltenden weltweiten Nachfrage nicht machbar. Dazu bräuchte es ein weiteres Finanzkrisenszenario ähnlich dem von 2008, in dem Unternehmen zusammenbrechen dürfen, anstatt große Summen an Rettungsgeldern zu erhalten. Das Ergebnis ist, dass der Dollar als wertvoller empfunden wird und folglich die Inflation untergeht Lenkung.

2008 erlebte der Aktienmarkt eines seiner schlimmsten Jahre und verlor 33 %. Es wurde angenommen, dass die Immobilienblase und die Schuldenblase die Hauptauslöser für den Crash von 2008 waren. Während der Immobilienblase wickelten Investmentfirmen Hypothekendarlehen in Mortgage-Backed Securities (MBS) und verkauften sie dann an Investoren, damit die Firma sie aus ihrer Bilanz heraushalten konnte. Ratingagenturen bewerteten den MBS, der als Benchmark für potenzielle Käufer diente. Die Anleger begannen dann mit dem Einsatz von Credit Default Swaps, bei denen eine Versicherungsgesellschaft garantierte, potenzielle Verluste bei der MBS gegen eine Prämie abzudecken. Dies erwies sich für viele Investoren und Versicherungsunternehmen als rentabel. Da Investmentfirmen jedoch Schwierigkeiten hatten, Käufer für ihre MBS-Produkte zu finden, und Ratingagenturen sie herabstuften, als sich die Kreditkrise verschärfte, waren Investmentfirmen gezwungen, große Positionen in MBS zu halten. So erging es Bear Sterns im April 2008 und Lehman Brothers im September 2008, als beide bankrott gingen. AIG, der Hauptversicherer von Credit Default Swaps, wurde von der Federal Reserve gerettet, nachdem es als „Too Big To Fail" bezeichnet wurde. AIG stellte Banken in den USA und Europa Schutz in Höhe von einer halben Billion Dollar, also 300 Milliarden Dollar, zur Verfügung. Ein Ausfall von AIG hätte globale Auswirkungen gehabt.

Nachdem die Fed nach der Finanzkrise von 2008 die US-Banken gerettet hatte, indem sie Billionen von Dollar in den Finanzsektor gepumpt hatte, zog die Inflation nicht an, und dies ist ein Hinweis darauf, wie das Petrodollar-Abkommen von 1973 den USA mehr Beinfreiheit gab, ohne sich um höhere Geldmittel sorgen zu müssen Emission, die ein korreliertes Risiko einer hohen Inflation auslöst. Und rückblickend erfüllten die Vereinigten Staaten ihren Petrodollar-Deal von 1973 mit der OPEC, als 1989 die Spannungen zwischen dem Irak und Kuwait aufflammten. Beide Nationen sind ursprüngliche OPEC-Mitgliedsländer, aber der Irak beschuldigte Kuwait, mehr Öl zu produzieren, als von der OPEC-Quote gefordert Zeit, was zu einem Rückgang der Ölpreise führte, was wiederum der irakischen Wirtschaft und seiner Fähigkeit schadete, Schulden zu begleichen, die während des Iran-Irak-Krieges von 1980-1988 entstanden waren. Der irakische Präsident Saddam Hussein beschuldigte Kuwait auch, schräg in das irakische Rumalia-Öl gebohrt zu haben Feld, Welche gezwungen Saddam zu erklären Krieg und Treten Sie ein beim Einmarsch ins Land. Die Eroberung Kuwaits durch den Irak führte 1991 zum Golfkrieg, in dem eine von den Vereinigten Staaten geführte Koalition intervenierte und die irakischen Streitkräfte aus Kuwait zurückdrängte und die irakischen Streitkräfte daran hinderte, weiter nach Saudi-Arabien vorzudringen, was seit den Exporten aus Saudi-Arabien ein großes Problem der USA war 15 % der weltweiten Rohölreserven – die höchsten aller Nationen. Es gab Befürchtungen, dass Saddam nach der Besetzung Kuwaits durch den Irak die Ölfelder Saudi-Arabiens ins Visier nehmen würde. Diese Verteidigung Saudi-Arabiens war der Kernpunkt des PetroDollar-Deals von 1973 – Saudi-Arabien verkauft Öl für USD und im Gegenzug schützen die USA es militärisch. Nach dem Jahr 2000 beschlossen jedoch einige OPEC-Länder, ihr Öl nicht mehr für US-Dollar zu verkaufen. Der Irak ging Anfang der 2000er Jahre dazu über, sein Öl für Euro zu verkaufen. Kurz darauf, im Jahr 2003, marschierten die USA ohne Vorwand im Irak ein. Im Jahr 2011 drohte Libyen, sein Öl für Gold zu verkaufen, bevor Gaddafi, der damalige libysche Präsident, bei einem von den USA unterstützten Staatsstreich gestürzt und getötet wurde. 2012 hörte der Iran auf, sein Öl gegen US-Dollar zu handeln, und 2018 zog Venezuela nach und beschloss ebenfalls, sein Öl nicht mehr gegen US-Dollar zu verkaufen. Beide Nationen wurden von verheerenden Sanktionen getroffen, die letztendlich ihre Wirtschaft lahmlegten. Saudi-Arabien ist nun die letzte Verteidigungslinie für die US-Dollar-Hegemonie und die wirtschaftliche Expansion, die auf die Abschaffung des Goldstandards folgte. Aber in den letzten Jahren waren die Vereinigten Staaten in einen langjährigen katastrophalen außenpolitischen Ansatz verwickelt, der keine Skrupel hatte, militanten Kräften oder separatistischen Bewegungen in anderen Ländern Zusicherungen zu machen, bevor er sie der Gnade der Niederlage überließ, die oft verheerende Folgen auf der ganzen Welt hatte Land. Dies war der Fall in Vietnam, Syrien und Libyen. Und jetzt ist die Osterweiterung der NATO auf US-Geheiß, um Russland zu provozieren, zusammen mit gebrochenen US-Zusicherungen gegenüber der Ukraine inmitten einer massiven russischen Invasion des Landes, einem wachsenden Mangel an Vertrauen in die US-Außenpolitik gewichen. Dies wird sich schließlich in Bezug auf die Beziehungen zwischen den USA und Saudi-Arabien zuspitzen, die ein kritisches Bündnis mit systemischen Auswirkungen auf die USA darstellen.

Ab 2021 sind die Beziehungen zwischen Saudi-Arabien und den Vereinigten Staaten angespannt. Washington DC hat beschlossen, eine harte Haltung gegenüber dem saudischen Kronprinzen einzunehmen, und droht, ihn wegen der Ermordung von Jamal Khashoggi, einem saudi-amerikanischen Journalisten, der drohte, vernichtende Informationen über die Kriegsverbrechen Saudi-Arabiens im Jemen preiszugeben, strafrechtlich zu verfolgen. Der US-Präsident hat zu sehr gelobt, das US-Engagement im Jemen zu reduzieren, während er die Jemen-Frage in den Atomgesprächen mit dem Iran weiterhin ignoriert. Der Jemen ist ein Schlüsselthema für die Sicherheit Saudi-Arabiens, da die vom Iran unterstützte militante Gruppe Houthi Drohnen eingesetzt hat, die ihnen vom Iran geliefert wurden, um saudische Ölanlagen anzugreifen. Ein Rückfall der USA in diesen Fragen könnte dazu führen, dass Saudi-Arabien

Der Fall des US-Dollars

die Beziehungen zu den USA abbricht und sich weigert, sein Öl für US-Dollar zu verkaufen. Wenn dies der Beginn einer scharfen Kluft zwischen den USA und Saudi-Arabien ist, wird dies enorme negative Auswirkungen auf die US- Wirtschaft haben. Dies ist auch etwas, das Gold durch die Decke schicken könnte. Saudi-Arabien hat so viel Einfluss, dass es einst so klassifiziert wurde, wie Saudi-Arabien seine Position gegenüber den USA missbrauchte und Saudis half, die wegen Verbrechen in den USA angeklagt waren, der US-Justiz zu entgehen, indem es sie nach Saudi-Arabien schickte, das sich Arabien ergab. Zu diesen Verbrechen gehörten Totschlag, Kinderpornographie und Vergewaltigung. Viele wissen kaum, dass es keine weltweite Nachfrage nach US-Dollar geben würde, wenn Saudi sein Öl nicht für US-Dollar verkauft, und daher gäbe es keine Möglichkeit, dass das US-Finanzministerium weiterhin die endlosen Geldmengen drucken könnte, die es derzeit zum Drucken bereitstellt. Diese aktuelle Zwietracht ist eine direkte Folge der kämpferischen außenpolitischen Haltung Washingtons seit den US-Präsidentschaftswahlen 2020. Das Bündnis zwischen den USA und Saudi-Arabien ist von entscheidender Bedeutung, und die USA müssen möglicherweise hoffen, dass die Saudis nicht vorhaben, woanders nach militärischen Zusicherungen zu suchen. Gerade jetzt mit Deutschland sowohl die Remilitarisierung als Reaktion auf die russische Invasion in der Ukraine als auch die Suche nach alternativen Ölquellen ... jetzt, wo Deutschlands Abhängigkeit von Öl aus Russland möglicherweise nicht länger tragbar ist, da Russland von der internationalen Gemeinschaft isoliert wird. Da die wirtschaftliche Gesundheit Deutschlands auf dem Spiel steht, könnten sie versuchen, mit den USA um Einfluss im Nahen Osten zu konkurrieren, indem sie diplomatische Hinterkanäle nutzen, um Ölgeschäfte zu sichern, die für den Euro und die deutsche Wirtschaft und die Interessen der USA und ihrer wirtschaftlichen Sicherheit günstig wären unterminiert werden. Jetzt, da eine verstärkte Rüstungsproduktion und Innovation Deutschland eine enorme Verhandlungsmacht verleihen könnten, könnte Saudi-Arabien versucht sein, durchsetzungsfähigere militärische Zusicherungen von anderen Nationen als den USA einzuholen. Da sich Deutschland weiterhin diplomatisch von Russland entfremdet, kann das viel bedeuten Einfacher Entscheidung Beim Sie Teil zu Stimmen zu zu verteidigen Saudi Arabien militärisch, und dazu gehört auch die Einmischung in die Jemen - Krise. Russland hat in den letzten Jahren versucht, seinen Einfluss im Nahen Osten auszuweiten, aber seine Verbindungen zu einem verbündeten Konsortium schiitischer Nationen wie dem Iran und Syrien machten es Russland unmöglich, Saudi-Arabien die Sicherheitsgarantien zu geben, die es braucht, wenn überhaupt etwas auf ihrer Agenda steht. Das Beste, was Russland bei seinem Versuch, sich diplomatisch von diesem Konsortium zu trennen, anbieten konnte, war, Israel ungehinderten Zugang zum syrischen Luftraum zu gewähren, damit Israel Luftangriffe auf iranische Stützpunkte in Syrien, Stützpunkte zum Abschuss von Waffen und anderen Lieferungen an den Iran an direkte Stellvertreter im Jemen durchführen konnte , Libanon und Gazastreifen. Diese diplomatischen Beschränkungen gegenüber Russland machen Deutschland zur nächstbesten Option für Saudi -Arabien Sicherheit.

Der Fall des US-Dollars

Kapitel 2: Der Aufstieg der deutschen Währung

Saudi-Arabien und Deutschland unterhalten stabile diplomatische Beziehungen, ermutigt durch die Art und Weise, wie deutsche Beamte Saudi-Arabien als "Anker der Stabilität" bezeichnen würden. Dies ist größtenteils auf das Verhalten Saudi-Arabiens während des Arabischen Frühlings zurückzuführen, der 2011 stattfand und einen Großteil der Region des Nahen Ostens betraf. Der Arabische Frühling war eine Reihe ziviler Unruhen, die in der gesamten arabischen Welt stattfanden. Es begann in Tunesien und breitete sich nach Libyen, Ägypten, Jemen, Syrien und Bahrain aus. Saudi-Arabien blieb jedoch weitgehend unberührt. Die Beziehungen zwischen Saudi-Arabien und Deutschland basieren auf dem gegenseitigen Wunsch beider Nationen, die Zusammenarbeit bei der Bewältigung von Themen wie Terrorismus und Instabilität zu fördern. Sowohl Deutschland als auch Saudi-Arabien teilen folglich Informationen und die Vorteile der inneren Sicherheit beider Länder. Saudi-Arabien war maßgeblich daran beteiligt, der deutschen Regierung Tipps zu extremistischen Netzwerken zu geben, und hat Deutschland geholfen, terroristische Pläne aufzudecken. Wirtschaftlich gesehen ist Deutschland ein wichtiger Lieferant von Waffen und anderen Maschinen nach Saudi-Arabien. Auch einige deutsche Unternehmen haben Niederlassungen in Saudi-Arabien eröffnet, was das Handelsvolumen zwischen den beiden Ländern erhöht hat.

Auf der negativen Seite wird Saudi-Arabien aufgrund des wachsenden Rechtsextremismus in Deutschland oft negativ als eine Nation wahrgenommen, die von Frauenfeindlichkeit, Diskriminierung und einer schlechten Menschenrechtsbilanz geprägt ist. Viele verweisen auf die islamisch-fundamentalistischen Sekten in Saudi-Arabien als die Essenz des Landes, und einige Deutsche stehen den deutschen Waffenexporten in das Land kritisch gegenüber. Ein großer Teil des Images Saudi-Arabiens in Deutschland wird durch viel Unwissenheit und Mangel an Gelehrsamkeit über das Land gestärkt, da nur eine Handvoll von Deutschlands akademischen Forschern und Schriftstellern die Erlaubnis erhalten hat, dorthin zu reisen. Es gibt im Wesentlichen keine gründliche Analyse der saudischen Zivilgesellschaft, die den Deutschen für ein genaueres Bild vorgelegt werden könnte, und die Berichterstattung der deutschen Medien über die Geschehnisse in Saudi-Arabien war begrenzt. Diese Zurückhaltung hat zu einem großen Teil damit zu tun, dass die deutsch-saudischen Beziehungen pragmatisch handels- und sicherheitsrelevant sind und beide sich lieber aus den politischen Angelegenheiten des anderen heraushalten. Seit Saudi-Arabien 2011 inmitten regionaler geopolitischer Unruhen Stabilität zeigte, zeigen die Deutschen ein verstärktes politisches Interesse an Saudi-Arabien. Das wurde deutlich, als Deutschland 2018 nach der Ermordung des saudi-amerikanischen Journalisten Jamal Khashoggi ein Waffenembargo gegen Saudi-Arabien verhängte.

Saudi-Arabien hat sich als stärkste und stabilste Nation im Nahen Osten erwiesen, was zu einer wachsenden deutschen Präsenz in saudischen Angelegenheiten geführt hat. Hochrangige Beamte beider Nationen statteten den jeweils anderen Ländern diplomatische Besuche ab, und Deutschland freute sich über die Vereidigung von König Salman im Jahr 2015 und die Ernennung seines jüngsten Sohnes Muhammad Bin Salman (MBS) zum Verteidigungsminister. Als Bin Salman jedoch 2017 zum Kronprinzen ernannt wurde, nachdem König Salman bin Nayef abgesetzt hatte, wurde er der offensichtliche Erbe. Dies war umstritten, und der Schritt war in einem vom deutschen Bundesnachrichtendienst veröffentlichten Memo vorgesehen, das auf das verstärkte Interesse Deutschlands an der saudischen Politik hinweist.

Der Schritt von MBS, Saudi-Arabien mit dem Vision 2030-Plan zu modernisieren, der es Frauen erlaubte, Autos zu fahren und Theater zu eröffnen, wurde von den deutschen Medien umfassend behandelt und porträtierte Saudi-Arabien in einem positiven Licht. Die Prüfung der saudischen Angelegenheiten durch den deutschen Bundesnachrichtendienst wurde jedoch als aggressiv empfunden. Ein weiterer Bericht über die MBS-Politik wurde im Dezember 2015 geleakt, und in dem Bericht schrieb der deutsche Geheimdienst darüber, wie rücksichtslos und militaristisch die MBS-Außenpolitik war. Dies erweckte den Eindruck, Saudi-Arabien sei bereit, sich unabhängig von internationalen Verflechtungen politisch und militärisch zu behaupten. 2015 waren viele Bundesbürger besorgt über die menschenrechtlichen Auswirkungen der von Saudi-Arabien geführten Militäroperation im Jemen. Eine weitere Kontroverse war die Rolle Saudi-Arabiens bei der Einleitung der Blockade gegen Katar im Jahr 2017.

In Bezug auf die inneren Angelegenheiten Saudi-Arabiens war Deutschland besorgt über die harten Maßnahmen, die saudische Beamte gegen verschiedene Kritiker der saudischen Regierung verhängten. Diese Kritiker reichten von Persönlichkeiten aus Politik, Medien und Wirtschaft. Eine Reihe von Menschenrechtsaktivisten, die sich von saudischen Beamten bedroht fühlten, wurden festgenommen. Diese Vorfälle haben in Deutschland zu weiteren Diskussionen über die Notwendigkeit geführt, mehr Druck auf Saudi-Arabien auszuüben, damit es seine harte Politik zurückfährt. Letztlich geht es den Deutschen vor allem um die deutschen Rüstungsexporte nach Saudi-Arabien. Nachdem der saudische Journalist Jamal Khashoggi im saudischen Konsulat in der Türkei ermordet und zerstückelt worden war, sagte Deutschland, es werde Waffenexporte nach Saudi-Arabien stoppen. Deutschland forderte auch die Einleitung einer umfassenden Untersuchung des Mordes. Unterdessen hat Deutschland die diplomatische Reise von Bundesaußenminister Heiko Maas nach Saudi-Arabien wegen des Khashoggi-Vorfalls verschoben.

Wenn es darum geht, wie Saudi-Arabien seine Beziehungen zu Deutschland sieht, betrachten sie Deutschland als verlässlichen Partner und haben keine langjährigen Beschwerden gegen Deutschland. Deutschland hat in der saudischen Region keine Kolonialgeschichte, was die deutsch-saudi-arabischen Beziehungen auf eine gute Basis stellt. Die Beteiligung Deutschlands am Joint Comprehensive Plan of Action (JCPoA) mit dem Iran hat jedoch die Natur des deutschen Wunsches, Vertrauen in die saudische Regierung aufzubauen, in Frage gestellt. Die Saudis und die Iraner sind in einen Stellvertreterkrieg im Jemen verwickelt. Daher sind die Saudis eher geneigt und dafür, dass Deutschland mehr Solidarität mit der saudischen Regierung zeigt, indem es sich vom Iran distanziert. Deutschlands Engagement im Iran hat bei saudischen Beamten, die einst den deutschen Außenminister Sigmar Gabriel beschuldigten, ein iranischer Agent zu sein, einiges misstrauisch gemacht. Dieses Misstrauen der Saudis gegenüber Deutschland verstärkte sich, nachdem der deutsche Außenminister Sigmar Gabriel den saudi-arabischen Einfluss für den Rücktritt des libanesischen

Der Fall des US-Dollars

Ministerpräsidenten Saad Hariri verantwortlich machte. Er bezeichnete die Situation mit dem Begriff „Abenteuertum", um den saudischen Einfluss auf die Affäre zu beschreiben. Entsetzt über die Rhetorik zog Saudi-Arabien seinen eigenen Botschafter HRH Prince Khalid bin Bandar Al Saud aus Deutschland ab. Dies führte zu einem Rückschlag in den bilateralen Wirtschaftsbeziehungen zwischen Saudi-Arabien und Deutschland. Saudi-Arabien wies saudische Ministerien an, keine Geschäfte mehr mit deutschen Unternehmen zu machen, und schränkte auch die Einreise deutscher Politiker ein. Dieser Protest endete jedoch bald und die saudischen Beamten freuten sich darauf, die normalisierten Beziehungen zu Deutschland wiederherzustellen.

Ein weiterer Bereich deutscher Standards, den saudische Beamte kritisiert haben, sei Deutschlands Risikoaversion, sagen sie. Und noch enttäuschender für saudische Wirtschaftsführer ist die Angst Deutschlands, mehr in Saudi-Arabien zu investieren. Saudi-Arabien hat versucht, Deutschland davon zu überzeugen, mehr zu investieren, und behauptet, dass mehr Investitionen erforderlich seien, um die „Vision 2030" Wirklichkeit werden zu lassen. Es herrscht einige Verwirrung darüber, was jedes Land vom anderen erwartet. Deutschland möchte Beziehungen aufbauen, die mehr auf Handel als auf Direktinvestitionen in Saudi-Arabien basieren, während Saudi-Arabien erwartet, dass Deutschland mehr Direktinvestitionen in Saudi-Arabien anbietet. Saudi-Arabien hat hohe Erwartungen an die Partnerschaft.

Die diplomatische Krise, die sich zwischen Deutschland und Saudi-Arabien im Zusammenhang mit dem Khashoggi-Zwischenfall, der Libanon-Premierminister-Affäre und dem Engagement Deutschlands mit dem Iran entfaltet hat, hat zu einem Rückgang des bilateralen Handelsvolumens geführt. Das deutsche Exportvolumen nach Saudi-Arabien ging im ersten Quartal 2008 um 13 % zurück. Dies deutet darauf hin, dass Saudis Image von Deutschland als vertrauenswürdiger Handelspartner abgenommen hat. Es erklärt auch, warum Saudi-Arabien einen Großteil seiner Zeit damit verbracht hat, nach Osten nach Südkorea und China vorzudringen, und erwägt sogar, sein Öl 2022 für chinesische Yuan statt für US-Dollar an die Chinesen zu verkaufen.

Insgesamt hat Deutschland im Vergleich zu anderen Nationen wie Frankreich, Großbritannien und den USA keinen nennenswerten Einfluss auf die saudischen Angelegenheiten. In Deutschland wird Saudi-Arabien immer noch als etwas außerhalb der Grenzen des deutschen kulturellen und progressiven Geschmacks wahrgenommen, obwohl MBS in Saudi-Arabien auf kulturelle Fortschritte drängt, wie z. B. die Begleitung durch einen männlichen Vormund, Ehepartner oder Sponsor. Seit 2018 haben Deutschland und Saudi-Arabien kleine Schritte zur Verbesserung der bilateralen Beziehungen unternommen. Saudi-Arabien sieht Deutschlands innovativen Sektor als etwas, das Potenzial für eine Vielzahl von saudischen Branchen wie das Gesundheitswesen, die Pharmazie und das Bildungssystem fördern könnte. Und das könnte sich für deutsche Investoren immens auszahlen. Eines der Hauptziele der „Vision 2030" ist nicht nur die Modernisierung Saudi-Arabiens, sondern auch die Schaffung eines Umfelds, das ausländische Investitionen anzieht. Ein Großteil der arabischen Welt steckt seit einiger Zeit in geopolitischen Schwierigkeiten, aber Saudi-Arabien war die Säule der Stabilität, und neben diesem Aspekt der Stabilität hat

Der Fall des US-Dollars

Saudi-Arabien einen fortschrittlichen Plan vorgelegt, der darauf abzielt, ausländische Investitionen zu erzwingen. In Saudi-Arabien wurden bereits Richtlinien erlassen, die Frauen schließlich auf den Weg bringen werden, ein wichtiger Katalysator für wirtschaftlichen und sozialen Wandel zu werden.

Aus Sicht Saudi-Arabiens wäre dieses „neue Saudi-Arabien", das in Arbeit ist, in Nahost-Angelegenheiten beispiellos und könnte einen Durchsickerungseffekt auf einen Großteil der arabischen Welt haben. Eine solche Perspektive sollte die Tür für ein breiteres Engagement Deutschlands weiter öffnen. In Saudi-Arabien sind bereits Veränderungen im Gange und viele junge Startups in Saudi-Arabien haben den Wunsch geäußert, stärkere Verbindungen zu Kollegen in Deutschland aufzubauen, die ebenfalls in der Startup-Branche tätig sind. Viele im Start-up-Hub in Saudi-Arabien haben den Wunsch geäußert, im Bereich erneuerbare Energien und künstliche Intelligenz zu arbeiten, was große Chancen für Partnerschaften bietet.

Saudi-Arabien hat großen Respekt vor den kulturellen und künstlerischen Leistungen Deutschlands und respektiert deutsche Beiträge in den Bereichen Literatur, Musik und Oper. Die Deutsche Botschaft in Riad hat bereits Kulturfestivals wie Hip-Hop-Konzerte organisiert und freut sich auf weitere Möglichkeiten der Zusammenarbeit in diesem Bereich sowie Möglichkeiten für saudische Künstler, ihre künstlerischen Qualitäten in Deutschland zu präsentieren, was den Deutschen einen Einblick in Saudi-Arabien geben könnte bürgerliches Leben. Eine der größten Hürden für den Aufbau einer kulturellen Korrespondenz ist die wachsende Islamophobie, die die deutsche Meinung über die saudi-deutschen Beziehungen auf den Kopf stellen könnte. Die Bemühungen Saudi-Arabiens, die Perspektiven der islamischen Nationen durch Modernisierung zu verbessern, könnten jedoch sicherlich die Nachteile der Islamophobie überwinden.

Einer der größten Beiträge, den Deutsche in ihren Wirtschaftsbeziehungen zu Saudi-Arabien leisten können, ist der Ausbau von Austauschprogrammen. Saudischen Studenten Zugang zu deutschen akademischen Einrichtungen zu verschaffen, wird es mehr Saudis ermöglichen, die deutsche Kultur besser zu verstehen.

Insgesamt sind noch viele der Herausforderungen zu bewältigen, die der Entwicklung engerer bilateraler Beziehungen zwischen Saudi-Arabien und Deutschland im Wege stehen könnten. Die Fähigkeit, den diplomatischen Rückfall zu überwinden, der sich aus dem anhaltenden Diskurs über Fragen der Menschenrechtsbilanz Saudi-Arabiens, der wachsenden rechtsextremen Islamophobie Deutschlands, der von Saudi-Arabien geführten Militäroperationen im Jemen und der Ermordung von Jamal Khashoggi ergibt, wird davon abhängen, wie Deutschland gegenüber Saudi-Arabien vorgeht steht zu Arabiens Initiative „Vision 2030".

Die Krise im Jemen hat sich zu einer großen humanitären Krise eskaliert, und das saudische Engagement hat eine weitere Verbesserung der saudisch-deutschen Beziehungen behindert. Der Bürgerkrieg im Jemen begann nach dem Arabischen Frühling 2011, der zum Sturz des jemenitischen Präsidenten Ali Abdullah Saleh führte, der den Jemen 33 Jahre lang regiert hatte. Die regierungsfeindliche Bewegung bestand aus zahlreichen Fraktionen, die alle auf Salehs Abreise bestanden. 2012 wurde Abdrabbuh Mansur Hadi zum Präsidenten des Jemen gewählt und löste Saleh ab. Aber Hadi schaffte es nicht, die verschiedenen regierungsfeindlichen Fraktionen zu vereinen, und er weigerte sich auch, Houthis in sein Kabinett zu berufen.

Der Fall des US-Dollars

Die Houthis hatten seit 2004 im Nordjemen gegen einen Aufstand gekämpft, als die damalige Regierung die Houthis beschuldigte, versucht zu haben, die Regierung zu stürzen. Die Houthis bestritten dies und betrachten ihren Aufstand seither als Verteidigungsoperation gegen Angriffe der nordjemenitischen Regierung auf ihre Gemeinde. Der Aufstand wurde ausgelöst, als der Houthi-Führer Hussein al-Houthi 2004 von jemenitischen Regierungstruppen getötet wurde. In den folgenden Jahren starteten die Houthi Angriffe gegen jemenitische Regierungstruppen in der gesamten nördlichen Region, und die Kämpfe verlagerten sich dann in die Nähe der saudischen Grenze. Im Jahr 2009 beschuldigten die Huthis Saudi-Arabien, dem jemenitischen Militär erlaubt zu haben, ihre Stützpunkte zu nutzen, um Angriffe auf Huthi-Stellungen zu starten. Houthi-Kämpfer begannen daraufhin mit einer Reihe von Angriffen auf saudische Grenzschutzbeamte, was zu einer saudischen Militärreaktion führte. Die Saudis starteten daraufhin Luftangriffe im Nordjemen. Im Jahr 2011, während des Arabischen Frühlings, versprachen die Houthis ihre Unterstützung für regierungsfeindliche Bewegungen im ganzen Jemen, bevor sie das Gouvernement Sadaa im Norden des Jemen übernahmen. Nachdem Hadi im Jemen an die Macht gekommen war, versuchte seine Regierung, einen Kredit vom IWF zu erhalten, der Hadi verpflichtete, Sparmaßnahmen wie die Abschaffung von Treibstoffsubventionen umzusetzen, was in der Folge zu einem erheblichen Anstieg der Treibstoffpreise führen würde. Dieser Schritt wurde von den Houthis angefochten, die die Hauptstadt Sanaa stürmten und forderten, dass Hadi eine neue Verfassung entwirft und eine Einheitsregierung bildet. Als es der Hadi-Regierung nicht gelang, ein günstiges Design zu entwickeln, das den Forderungen der Houthi entsprach, versuchten die Houthi, die Kontrolle über Hadis Wohnpalast zu übernehmen, was dazu führte, dass Hadi und seine Verwaltungsbeamten Anfang 2015 zurücktraten. Die Houthi-Invasion in Sanaa stieß auf wenig bis gar kein Ergebnis Ergebnis der jemenitischen Armee, die den Houthis erlaubte, eine Übergangsregierung zu bilden. Aber diese neue Regierung wurde von vielen politischen Einheiten im Jemen nicht anerkannt. Kurz darauf, im Jahr 2015, intervenierte Saudi-Arabien und führte eine Koalition von Golfstaaten an, die Luftangriffe im Jemen beginnen würde, um die Hadi-Regierung wiederherzustellen. Sie leiteten auch eine Seeblockade gegen die Houthis ein. 2016 versuchten die Houthis, die Regierung Saleh wieder einzusetzen, gegen die sie zuvor während des Arabischen Frühlings 2011 protestiert hatten. Die Huthis versuchten, mit Saleh einen politischen Rat zu bilden, aber Saleh brach bald die Verbindung zu den Huthis ab und ermutigte seine Anhänger, die Waffen gegen sie zu erheben. Saleh wurde jedoch kurze Zeit später getötet und seine Streitkräfte würden 2017 von den Houthis besiegt werden. Inzwischen hat die saudische Regierung den Iran beschuldigt, die Houthi-Kämpfer zu unterstützen – eine Tatsache, die so offensichtlich ist wie eine Reihe von iranischen Waffen, die im Golf von abgefangen wurden Aden. Houthi-Kämpfer haben in den letzten Jahren erfolgreiche Drohnenangriffe auf saudische Ölanlagen gestartet. Während des gesamten Konflikts haben die USA gleichzeitig mit den Saudis Luftangriffe durchgeführt, die jedoch hauptsächlich gegen Al-Qaida-Agenten in der Region gerichtet waren. Diese Luftangriffe, die Blockade, Wasser- und Nahrungsmittelknappheit haben zu einer humanitären Katastrophe im Jemen geführt, die 300.000 Menschen das Leben gekostet hat. Die USA

Der Fall des US-Dollars

führen seit 2002 Luftangriffe im Jemen durch, und die Zahl der bei diesen Luftangriffen getöteten Zivilisten ist unbekannt. Seit 2021 haben die USA ihre Absicht erklärt, die Unterstützung für die von Saudi-Arabien geführte Intervention im Jemen zurückzuziehen. Im April 2022 nahmen die Dinge jedoch eine positive Wendung, als der im Exil lebende jemenitische Präsident Hadi seine Präsidentschaftsbefugnisse auf einen neuen politischen Rat übertrug, der mit der Aushandlung eines Waffenstillstands mit den Houthis beauftragt wurde. Der Waffenstillstand ermöglicht die Verschiffung von Treibstoff in den Jemen. Saudi-Arabien hat auch 3 Milliarden zur Unterstützung der jemenitischen Wirtschaft zugesagt und auch dazu beigetragen, die Verhandlungen für die Hadi-Regierung zu erleichtern, um ein breiteres Spektrum politischer Gruppen einzubeziehen. Diese Entwicklungen ab April 2022 würden die Dringlichkeit Saudi-Arabiens nach westlicher militärischer Unterstützung und Sicherheitsgarantien verringern und es daher unwahrscheinlich machen, dass sie diese Art der Unterstützung in naher Zukunft von anderen Nationen als den USA auskundschaften würden. Sollte der Konflikt im Jemen jedoch erneut eskalieren und die Houthi-Angriffe auf Saudi-Arabien und das Territorium der Vereinigten Arabischen Emirate wiederaufgenommen werden, könnte Saudi-Arabien schnell einen anderen Sicherheitspartner finden, wenn die USA weiterhin darauf bedacht sind, Saudi-Arabien im Rückzug gegen die Houthi-Kämpfer militärisch zu unterstützen. In diesem Fall kann man voraussagen, dass Saudi-Arabien den Petrodollar-Deal beenden wird, bei dem Saudi-Arabien sein Öl für US-Dollar im Austausch für US-Militärunterstützung verkauft. Die Saudis werden diese Art von Deal einfach jeder Nation anbieten, die ihren Teil des Deals aufrechterhalten könnte. Dies würde zum sofortigen Zusammenbruch des US-Dollars und zu einem exponentiellen Anstieg der Währung führen, mit welcher Nation auch immer Saudi-Arabien diese Art von Geschäften abschließt. Nichtsdestotrotz öffnet die Deeskalation im Jemen ab April 2022 Deutschland die Tür für ein weiteres diplomatisches Engagement in Saudi-Arabien, da die negative öffentliche Haltung Deutschlands gegenüber einer saudischen Intervention in der Jemen-Krise mit der Stabilisierung des Jemen abnehmen würde. Dann gäbe es weniger politische Rückschläge in der Wahrnehmung der Beziehungen Deutschlands zu Saudi-Arabien innerhalb Deutschlands. Die Stabilisierung des Jemen ermöglicht es der saudischen Regierung, sich als Hoffnungsträger für den Nahen Osten zu präsentieren, was international für ein positiveres Image sorgen und deutschen Investoren mehr Vertrauen geben wird, in Saudi-Arabien zu investieren. Wachsende politische und wirtschaftliche Beziehungen könnten Deutschland zu einem möglichen Kandidaten für die Gewährleistung der saudischen Sicherheit machen, und wenn Saudi-Arabien bei der diplomatischen Lösung geopolitischer Probleme nachdrücklicher vorgeht, könnte es für Deutschland einfacher werden, dem saudischen Königreich militärische Unterstützung zuzusagen. Zu sehen, wie die deutsche militärische Unterstützung eine Nation unterstützt, die alle Anstrengungen unternimmt, um die Notwendigkeit ihrer Intervention zu verringern, während Deutschland gleichzeitig erhebliche Vorteile daraus ziehen kann, da Saudi-Arabien sein Öl verkauft, um die globale Nachfrage anzukurbeln, nachdem die deutsche Währung zu D- beigetragen hat. Mark oder Euro. Die Bemühungen der MBS sprechen sicherlich für einen solchen Rahmen. Aber natürlich müssten Saudi-Arabien, damit es sich diplomatisch von den

Vereinigten Staaten abspaltet, Sicherheitsprobleme am Horizont vorhersehen und davon ausgehen, dass die USA nicht in ihrem Namen eingreifen würden. Eine solche Berechnung würde Saudi-Arabien veranlassen, sich anderswo umzusehen, um rechtzeitig Sicherheitsmaßnahmen zu ergreifen.

Diese Möglichkeit erfordert, dass die Federal Reserve im Voraus einen Notfallplan für den wahrscheinlichen Fall eines Zusammenbruchs des US-Dollar erstellt. Denn ab jetzt im Jahr 2022 gibt es 4 Hauptfaktoren, die die Idee eines solchen Szenarios in naher Zukunft unterstützen. 1. Die deutsche Militäraufrüstung und Isolierung von Russland und ihre Notwendigkeit, Energieimporte und -handel aus dem Nahen Osten zu sichern, um den wirtschaftlichen Niedergang auszugleichen. 2. Rücksichtslose Rhetorik gegenüber saudischen Beamten durch die derzeitige US-Regierung im Jahr 2022. 3. Die langsame Reaktion der Federal Reserve auf die steigende Inflation. 4. Der langsame Übergang der Welt zu alternativen Energiequellen.

Kapitel 3: Aufstieg des russischen Rubels

Einige argumentieren, dass die USA bald nicht mehr von ausländischen Ölimporten abhängig sein werden und es daher keine Rolle spielt, ob sich die Beziehungen der USA zu den wichtigsten Öl exportierenden Ländern des Nahen Ostens verschlechtern. Obwohl die Vereinigten Staaten in den letzten Jahren einen Schieferölboom erlebt haben, sind sie weit davon entfernt, energieunabhängig zu werden. Bereits 2006 sagte US-Präsident George W. Bush den Amerikanern in seiner Rede zur Lage der Nation, dass „Amerika süchtig nach Öl" sei. Er erklärte, dass Amerika seine Abhängigkeit vom Öl aus dem Nahen Osten verringern und die Menge an Öl aus dem Nahen Osten, das es importiert, reduzieren sollte. Es wird seit langem argumentiert, dass die Abhängigkeit der USA vom Öl aus dem Nahen Osten Amerikas außenpolitische Ziele erstickt. Innerhalb des letzten Jahrzehnts entdeckten die Vereinigten Staaten jedoch einen wirtschaftlich tragfähigen Weg, Öl aus unterirdischen Schieferformationen zu fördern, was zu dem Schieferboom führte, der es den USA ermöglichen würde, 2019 zum Nettoölexporteur zu werden. Öl aus Schiefer ist als hydraulisches Fracking bekannt und beinhaltet das Zielen auf unterirdische Felsformationen durch Einspritzen von Mischungen aus Wasser, Sand und anderen Chemikalien mit hoher Geschwindigkeit. Da Schiefer eine endliche Ressource ist und Schieferquellen typischerweise viel früher zurückgehen als konventionelle Quellen, sollte die US-Ölförderung nicht als etwas angesehen werden, das Amerikas Abhängigkeit von ausländischem Öl beseitigen wird. Ganz zu schweigen davon, dass es 6 Monate bis zu einem Jahr dauert, um die Schieferproduktion hochzufahren. Ein weiterer einschränkender Faktor ist die begrenzte Menge an Ausrüstung, Arbeitskräften und Pipeline-Infrastruktur. Und da Öl ein globaler Markt ist, wirken sich Änderungen in der Ölproduktion im Ausland auf die Ölpreise im Inland aus, was sich auf die Gewinnmargen der Schieferölunternehmen auswirken könnte.

Ein weiteres Argument, das verwendet wird, um die Zuversicht auszudrücken, dass die USA nicht länger von ausländischem Öl oder ausländischen Ölgeschäften abhängig sein müssen, ist eines, das auf die Bemühungen der USA zur Bekämpfung des Klimawandels in den letzten Jahren hinweist. Um die Abhängigkeit vom Öl zu verringern, hat sich der Westen der Solar- und Windenergie zugewandt, was sicherlich die weltweite Abhängigkeit von Erdölprodukten zur Stromerzeugung verringern würde. Der Transport macht jedoch 71 % des US-Erdölverbrauchs aus, und aus diesem Grund sind die USA noch weit entfernt von Langstrecken-Elektrofahrzeugen oder Fahrzeugen, die zu 100 % mit Biokraftstoffen betrieben werden könnten. Und deshalb kann nicht mit Sicherheit gesagt werden, dass eine globale Abkehr von der Abhängigkeit vom Öl im Gange ist. Derzeit gibt es einige wenige Fahrzeuge, die mit 10 % Ethanol, 90 % Benzin oder 20 % Biodiesel und 80 % Petroleumdiesel betrieben werden können. Die Verwendung von Biomasse/Biodiesel/Biokraftstoffen für den Transport existiert noch wird untersucht, und einige Forscher sind besorgt darüber, wie es die Nahrungsmittelverteilung stören könnte. Russland ist sicherlich eine Fallstudie; Wie kann Getreide/Weizen in Ethanol umgewandelt werden, wenn der Westen aufgrund des Krieges in der Ukraine mit

Getreideknappheit konfrontiert ist? Und was ist mit Biodiesel? Wille beeinflussen Tier Leben, Sehen das viel aus es ist extrahiert aus tierischen Fetten. Sicher, man kann vermuten, dass man es nur von toten Tieren bekommt, aber das wird wahrscheinlich nicht überall der Fall sein. Profiteure werden kein Problem damit haben, immer mehr Tiere zu töten, nur um einen besseren Zugang zum Biodieselmarkt zu erhalten. Kombinieren Sie das mit der Tatsache, dass die meisten Menschen immer noch Fleischfresser sind. Dies weicht buchstäblich einer größeren Nachfrage nach toten Tieren, werden Tierrechtsgruppen protestieren Maße.

Sowohl bei Biodiesel- als auch bei Ethanolkraftstoffen haben wir eine Situation, in der sich die Produktion auf die Verfügbarkeit von Nahrungsmitteln auswirkt. Kombinieren Sie das mit der Tatsache, dass Menschen immer noch eine Affinität dazu haben, Kriege zu beginnen und zu beginnen. So viele andere Faktoren, die noch in der menschlichen Gesellschaft verankert sind, müssen sich ändern, bevor die Welt jemals einen vollständigen Übergang zu alternativen Kraftstoffquellen in Betracht ziehen kann.

Weltweit aufgrund der russischen Invasion in der Ukraine im Februar 2022 Gegen Russland wurden Sanktionen verhängt. Diese haben dazu geführt, dass die Inflation in Russland auf fast 10 % gestiegen ist, und viele Analysten prognostizieren, dass sie bis Ende März 2022 20 % überschreiten wird, da die russische Währung, der Rubel, weiter zusammenbricht. Russland ist auf importierte Waren wie Autos, Haushaltsgeräte, Fernseher und Smartphones angewiesen, aber mehrere westliche Sanktionen gegen Russland haben zu massiven Preissteigerungen bei diesen Produkten geführt. Der Preis für Neuwagen stieg um 15 %. Russland ist auch besorgt darüber, wie sich die Abhängigkeit von Importen für seine Agrarindustrie , wie beispielsweise Kartoffelsamen, auf die wirtschaftliche Situation auswirken wird. Als Reaktion auf die steigende Inflation und als Maßnahme zur Preisstabilisierung hat die russische Zentralbank die Zinsen auf 20 % angehoben. Laut BBC lauten die gegen Russland verhängten Sanktionen für den Einmarsch in die Ukraine im Jahr 2022 wie folgt: Die Vereinigten Staaten haben ihre Öl- und Gasimporte aus Russland verboten. Großbritannien sagte, es werde seine russischen Ölimporte bis 2030 einstellen. Und Deutschland und die EU versprachen, ihre Abhängigkeit von russischem Öl zu verringern, indem sie vor 2030 nach alternativen Energiequellen suchten. Der Westen hat auch Russlands Auslandsbestände in Dollar und Euro eingefroren. und schränkte Banken ein, Geschäfte mit der Zentralbank von Russland zu tätigen. Einige der russischen Banken werden aus dem SWIFT-Bankensystem ausgeschlossen, was sie daran hindert, internationale Transaktionen durchzuführen. Dies würde auch jegliche Ansprüche gegen Russland für seine Öl- und Gasexporte verzögern. Dass Großbritannien verfügt über gefroren das Vermögenswerte aus alles Russisch Banken, und beschränkten ihren Zugang zum britischen Finanzsystem. Das Ergebnis ist, dass Russland nicht in der Lage wäre, innerhalb des Vereinigten Königreichs Geld zu beschaffen oder Geld zu leihen. Der Versand einer Reihe von Waren nach Russland wurde eingeschränkt, während das Vereinigte Königreich, die USA, die EU und Kanada russischen Fluggesellschaften den Eintritt in ihren Luftraum verboten haben. Auch das Vermögen des russischen Präsidenten Wladimir Putin wurde eingefroren. Als Reaktion darauf hat Russland einen Großteil seiner Exporte in den Westen verboten, die aus verschiedenen Produkten wie Telekommunikation, Medizin, Fahrzeugen, landwirtschaftlichen, elektrischen Geräten und Holz bestehen. Russland hat auch aufgehört, Zinszahlungen an ausländische Investoren zu leisten, die russische Staatsanleihen halten, und sie drückten auch die Liquidität von Aktien und Anleihen, die von ausländischen Investoren gehalten werden. Angesichts dieser Entwicklungen ist klar, wie sich die Sanktionen auf Westeuropa auswirken werden. Nicht nur in Bezug auf die Beschaffung ausreichender Energielieferungen, die Russland möglicherweise nicht mehr liefern kann, sondern auch in Bezug auf die Nahrungsmittelproduktion. Auf Russland und die Ukraine entfällt ein Drittel der weltweiten Weizen-/Getreide- und Gerstenexporte, aber jetzt, da diese Sanktionen vom Westen gegen Russland verhängt wurden, zusammen mit Russland, das mit der Kürzung seiner Weizen-/Getreide- und Düngemittelexporte revanchiert, stoppt ein Großteil der Welt ist von solchen Nahrungsmittelvorräten abhängig und muss sich mit der Aussicht auf erhebliche Nahrungsmittelknappheit auseinandersetzen und sich gleichzeitig mit den Auswirkungen auseinandersetzen, wie Düngemittelknappheit sehr sensible Anbauprotokolle stören wird, was die Ernteerträge sehr niedrig halten könnte. Orte wie Ägypten, Tunesien und der Libanon verlassen sich auf aus Russland importiertes Getreide/Weizen. Alles in allem sind die Ukraine und Russland im Grunde genommen Weltmächte in der globalen Nahrungsmittelversorgung Industrie.

Diese Sanktionen gegen Russland sind ein Haken 22. Russland ist gewissermaßen vom Finanzsektor im Westen abgeschnitten, wird aber gleichzeitig Überschussvorräte aus der Öl- und Getreideförderung aufbauen können. Damit bleibt die Wahrscheinlichkeit, dass Russland ein wichtiger Akteur in der Ethanolproduktion wird, da viele Industrien auf der ganzen Welt versuchen, von 100 % Erdöl auf eine Mischung aus Erdöl und Biokraftstoffen umzusteigen, bevor sie schließlich zu 100 % Biokraftstoff übergehen. Angesichts der Weizenknappheit im Westen und im Nahen Osten könnte Russland zum Hauptakteur bei der Ethanolproduktion werden, da Ethanol aus Weizen und Mais hergestellt wird, die im Überfluss vorhanden wären in Russland als a Ergebnis aus halt Sie Export. Dass könnte mit einer spektakulären Erholung des Rubels zusammenfallen , sollte Russland beschließen, Ethanol für den Rubel zu verkaufen und gleichzeitig die US-Maisproduktion zu unterbieten, indem es sich weigert, Stickstoffdünger zu exportieren. Dies würde die US-Ethanolproduktion effektiv ersticken, da der Westen ohne ausreichenden Dünger nicht über den überschüssigen Mais verfügen würde, um größere Mengen Ethanol zu produzieren. In diesem Szenario müsste ein Großteil des Mais für den menschlichen Verzehr bestimmt werden. Als Ergebnis des erodierten Wettbewerbs auf dem Ethanolmarkt würde der steigende Rubel die Wettbewerbsfähigkeit der russischen Exporte von Ethanolkraftstoffen nicht untergraben, sollten diese Kraftstoffe für Rubel verkauft werden. Der zusätzliche Weizen und Mais könnten auch als Druckmittel in Ländern wie dem Nahen Osten und Afrika verwendet werden, die darauf bestehen werden, Getreideimporte aus Russland wieder aufzunehmen. Auf diese Weise könnte Russland Abkommen vom Typ Ospolitik anstreben, bei denen Russland versuchen würde, die Beziehungen zu anderen Nationen zu normalisieren, indem es im Austausch für Getreide- oder Düngemittellieferungen einen gewissen Einfluss auf die Medien erlangt. Dies würde dazu dienen, zu kontrollieren, wie Russland von anderen Ländern als Nation angesehen wird. Dies würde Russland auch mehr Einfluss im Nahen Osten geben, um Frieden zwischen kriegführenden Nationen zu vermitteln, obwohl Russland Teil eines Konsortiums schiitischer Nationen wie Syrien ist Iran.

Die wachsende Abhängigkeit von Russlands Produktion von Öl-, Gas- und Ethanolmischungen würde den Westen wieder in den Einflussbereich Russlands bringen, falls die Dringlichkeit der globalen CO_2-Emissionen weiter zunehmen sollte. Dies würde auch mit einer größeren globalen Nachfrage nach Rubel zusammenfallen, was es Russland ermöglichen würde, seine Wirtschaft anzukurbeln, indem es die Menge an Rubel, die in seinem Finanzsystem zirkuliert, sicher erhöht.

Chinas Finanz- und Handelsbeziehungen mit den Vereinigten Staaten seit 1979, als China der Welthandelsorganisation beitrat , waren von unfairen Handelspraktiken gekennzeichnet, bei denen China viel höhere Zölle auf nach China eingeführte US-Waren verhängte als die USA auf chinesische Waren, die nach China eingeführt wurden Die USA kommen. Vor 2018 lagen Chinas Zölle auf US-Waren bei etwa 8 %, während die US-Zölle auf chinesische Waren bei 3 % lagen. Viele Handelsanalysten fanden diese Regelung unfair. Ein anschließender Handelskrieg zwischen China und den USA führte dazu, dass beide Länder Zölle auf die Exporte des jeweils anderen auferlegten bei etwa 19-20% um 2021.

China, in seinen Wirtschaftsbeziehungen mit dem UNS, etablierte Geschäftspartnerschaften mit American Investoren. Normalerweise die Chinesen würde die Mehrheit an dem Unternehmen halten. Es war durch diese das Chinesisch Investoren würde darauf bestehen die Übertragung von US-amerikanischem geistigem Eigentum, und dies letzten Endes gestattet China zu replizieren, was die UNS produziert und aus diesem Grund, gehe von Sein Handelspartner eines direkten Wettbewerbers auf diesem Markt. Das würde die Möglichkeit des Wachstums des Joint Ventures unterminieren , sondern bereitgestellt das Chinesisch Wirtschaft mit profitabel Möglichkeiten. Wann diese war erreichte China würde normalerweise Handelsbarrieren beseitigen , was China einen günstigen Status einbringen würde unter den global Wirtschaftswelt. Dass war oft gefolgt durch Währung Abwertung , bringt Chinas jetzt wachsende Exportindustrie ein Vorteil zu Ende UNS Exportindustrie. Chinesisch Waren waren billiger und wahrscheinlicher sein verbraucht aus den internationalen Markt. Chinas Joint Ventures mit ausländischen Investoren wurden einstellen mit einer VIE-Struktur , die ausländische Investoren davon abhielten, Vermögenswerte des Unternehmens zu besitzen, sondern gestattet ausländisch Investoren ernten Gewinne oder Verluste, die durch Vereinbarungen zwischen der VIE (Offshore-Gesellschaft) und abgesichert wurden das Chinesisches Unternehmen. Diese Vereinbarung war nicht rechtlich Bindung in China. Das oft ausgetrickst amerikanisch Investoren zu glauben, dass ihnen ein Teil des Unternehmens gehörte, ohne zu sehen, wie chinesische Investoren waren garantiert zu den größten Nutzen ziehen. Die Chinesen, wenn sie wollten, könnten dann Sabotage das Unternehmen indem Sie es einschränken Sein Transparenz seiner Audits, welche würde

Der Fall des US-Dollars

führen zu die SEC Delisting diese Firma , wodurch Investoren als Chinesen Millionen verlieren Investoren wer VIE gegründet hat, würde mit der ausländischen Investition davonkommen. China hat auch Vereinbarungen mit Nationen orchestriert in zentral Afrika, wie die Demokratische Republik Kongo (DRC), in welche China würde dem Bau von Straßen, Schulen und Krankenhäusern zustimmen dort im Austausch dafür, dass man es darf Bergwerk Mineral Ressourcen wie Kobalt und Kupfer. C - Obalt ist a hauptsächlich Komponenten von Lithium Ion Batterien welche sind in elektrisch Fahrzeuge und zusätzlich in kritisch Militär-Ausrüstung solch als U-Boote, Überwasserkriegsschiffe, Düsenjäger, Überwachungsflugzeuge, Geheimdienste, Überwachungs- und Aufklärungssysteme, Satelliten usw. Ohne Kobalt hätten Batterien nicht die selbstkühlende Komponente, die das Risiko von Überhitzung und Bränden verringert. Und ohne eine angemessene Batterie-Lieferkette würden die Klimaschutzbemühungen vieler Nationen und vor allem ihre Verteidigungsfähigkeiten stark behindert. Da der Kongo 70 % der weltweiten Kobaltversorgung hält , ist das Land zu einem Top-Anziehungspunkt für Nationen geworden, die auf Elektrofahrzeuge umsteigen wollen. China wurde jedoch vom Präsidenten der Demokratischen Republik Kongo kritisiert, der 2021 eine Überprüfung des ursprünglich 2008 zwischen China und der Demokratischen Republik Kongo vereinbarten Vertrags über das milliardenschwere Kobaltinfrastrukturprojekt gefordert hatte , wobei Bergbauprojekten eine höhere Priorität eingeräumt wird, im Gegensatz zu Projekten zur Schaffung von Arbeitsplätzen/Infrastrukturen, zu deren Entwicklung China sich bereit erklärt hat. Die Demokratische Republik Kongo hat seitdem eine Reihe von Bergbauunternehmen in chinesischem Besitz im Kongo rausgeschmissen oder angewiesen, das Land zu verlassen, da sie glauben, dass sie den Kongo um Geld betrogen haben, das sie aus dem Infrastrukturentwicklungsvertrag in der Demokratischen Republik Kongo im Austausch für Kobalt geschuldet hatten Bergbau. und missachtet auch die Umweltvorschriften der Demokratischen Republik Kongo. Gemäß der ursprünglichen Vereinbarung von 2008 sollte die Demokratische Republik Kongo im Wesentlichen ihre Kobalt- und Kupfermineralien im Austausch dafür handeln, dass China eine Infrastruktur im Wert von 9 Milliarden US-Dollar entwickelt, die die Demokratische Republik Kongo zu einem Zinssatz von 0 % zurückzahlen würde. Im Laufe der Jahre hat China unter dem Druck des Internationalen Währungsfonds, der dem Kongo bei seinen Schuldenproblemen hilft, zugestimmt, den Kredit auf 6 Milliarden zu reduzieren. China hat während der Pandemie 2020 auch einen kleinen Teil des Darlehens gekündigt, um der Demokratischen Republik Kongo bei der Bewältigung des wirtschaftlichen Rückschlags der COVID-19-Krise zu helfen. So wie Saudi-Arabien der Schwerpunkt der Energieproduktion in Bezug auf Öl ist, ist der Kongo der Schwerpunkt der Produktion in Bezug auf Strom, da Kobalt das kritischste Element bei der Batterieherstellung ist.

Im März 2022 erwog Saudi-Arabien, sein Öl an die Chinesen im Austausch gegen chinesische Yuan statt gegen US-Dollar zu verkaufen. Die Überlegung führte zu einem kurzzeitigen Anstieg des Yuan. Ohne eine Garantie für militärische Unterstützung durch China, insbesondere angesichts der iranischen Bedrohung im Jemen, ist es jedoch unwahrscheinlich, dass Saudi-Arabien ein solches Ölabkommen mit China ratifizieren wird. Chinas Neigung zu unfairen Geschäften könnte Saudi-Arabien auch davon abhalten, jemals Sicherheitsgarantien von China zu verlangen. In der Zwischenzeit würden chinesische Bergbauunternehmen, die von der Demokratischen Republik Kongo verdächtigt werden, Russland erlauben, einzugreifen und möglicherweise den Kobaltmarkt zu übernehmen, was Russland einen langfristigen strategischen Vorteil verschaffen würde. Russland ist in der Hoffnung auf Bergbaugeschäfte in Zentralafrika einmarschiert. Ein Beispiel sind die Beziehungen Russlands zur Zentralafrikanischen Republik (ZAR). In den letzten Jahren war die Zentralafrikanische Republik (ZAR) seit dem Sturz von Präsident François Bozizé im Jahr 2013 in zivile Unruhen verstrickt. Im Jahr 2016 wurde Faustin-Archange Touadéra jedoch zum Präsidenten der Zentralafrikanischen Republik gewählt, sah sich jedoch anhaltendem Widerstand von im Land ansässigen Rebellengruppen gegenüber. Sowohl Russland als auch Frankreich haben Truppen entsandt, um die Touadera-Regierung zu unterstützen , aber die Zentralafrikanische Republik hat festgestellt, dass die russische Hilfe bei der Ausbildung von Kämpfern der Zentralafrikanischen Republik erfolgreicher ist, um die Regierung gegen die Rebellenmilizen zu verteidigen. Das zwischen Russland und der Zentralafrikanischen Republik geschlossene Abkommen sah vor, dass die Zentralafrikanische Republik Russland im Austausch für militärische Unterstützung und Ausbildung durch Russland Zugang zu ihm gewähren würde Vorkommen von Diamanten, Gold und Uran. Wenn Russland ein ähnliches Abkommen mit der Demokratischen Republik Kongo (DRK) orchestriert , wird Russland Zugang zu 70 % der weltweiten Kobaltreserven erhalten , was Russland einen erheblichen Einfluss auf den chinesischen Batterieherstellungsmarkt und auch auf die Verteidigungsfähigkeiten der meisten Nationen verschafft. China verlässt sich bei der Herstellung von Lithium-Ionen-Batterien auf das Mineral Kobalt, während die US-Verteidigung auf Chinas Export dieser Batterien angewiesen ist. Russlands Invasion in der Ukraine verschafft Russland Zugang zu den 500.000 Tonnen Lithiumoxid in der Ostukraine, die es Russland unter dem Szenario, dass Russland ein Kobaltabkommen mit der Demokratischen Republik Kongo abschließt, ermöglichen würde, Chinas führenden Lieferanten von Lithium - Ionen- Batterien per se zu zerreißen. Kombinieren Sie dies mit der oben erwähnten Möglichkeit, dass Russland die Kontrolle über den Ethanolmarkt erlangt, indem es den USA Düngemittel vorenthält, und Russland wird zum globalen Marktführer und Lieferanten der kritischen Ressourcen zur Kontrolle des Klimas: Elektro- und Biokraftstoffe. Eine solche Aussicht kann zum Vorteil der Demokratischen Republik Kongo genutzt werden. Der Präsident der Demokratischen Republik Kongo könnte einen Plan beginnen , Russland gemeinsam mit den bereits bestehenden chinesischen Bergbauunternehmen im Kongo zu integrieren und eine Phase russischer Bergbauunternehmen einzuleiten Sein gestattet Zugriff zu zunehmend mehr aus das Kongos Kobaltreserven.... in einem Abkommen, das der Demokratischen Republik Kongo militärische Hilfe von Russland gewähren würde. Ein Anfang wäre die Vertreibung des chinesischen Bergbauunternehmens China Molybdenum aus dem Kongo, dem die Demokratische Republik Kongo bereits den Betrieb einer der größten

Der Fall des US-Dollars

Kobaltminen der Welt, der Kupfer- und Kobaltmine Tenke Fungurume, untersagt hat. China Molybdenum wurde von der kongolesischen Regierung wegen Sicherheitsverstößen , der Nichtmeldung der Gesamtproduktion von Kobalt und Kupfer und der Einbehaltung von Lizenzgebühren an die Demokratische Republik Kongo aus dem Erwerb von Mineralien verklagt. Wenn die Demokratische Republik Kongo das chinesische Unternehmen verdrängt und die Kobaltmine verstaatlicht, kann sie den Russen die Kupfer- und Kobaltmine Tenke Fungurume anbieten. Allerdings müsste ein solches Mining-Deal für Russland an eine wichtige Bedingung geknüpft sein. Die Bedingung sollte sein, dass Russland dem Präsidenten der Demokratischen Republik Kongo erlaubt, eine führende Rolle bei der Vermittlung von Resolutionen zu spielen, die auf die Lösung der geopolitischen Konflikte Russlands abzielen , mit dem Endziel, Russland davon zu überzeugen, einen vollständig diplomatischen Ansatz anzuwenden. Als Gegenleistung für die Erlaubnis , als wichtiger Friedensvermittler in geopolitischen Krisen in Osteuropa zu fungieren , würde der kongolesische Präsident ein Abkommen entwerfen, das Russland im Austausch für militärische Hilfe den Zugang zu den Kobalt-Mineralreserven des Kongo ermöglichen würde. In diesem Szenario, in dem russische und chinesische Bergbauunternehmen jetzt Kobalt in der Demokratischen Republik Kongo abbauen, kann die Demokratische Republik Kongo Gesetze erlassen, die es ihnen ermöglichen würden, Bergbaustandorte zu verstaatlichen oder zu übergeben, die Unternehmen gehören, die an skrupellosen Praktiken beteiligt sind. Wenn beispielsweise ein chinesisches Bergbauunternehmen verschiedene Verstöße und Missbräuche begeht, kann das DRC das Unternehmen als Betreiber des Bergbaustandorts entfernen und durch ein russisches Unternehmen ersetzen. Dies fügt der Bergbauindustrie in der Demokratischen Republik Kongo ein Wettbewerbselement hinzu und sollte dazu beitragen, Missbrauch, Betrug und Verstöße durch ausländische Bergbauunternehmen zu verhindern. Dies würde auch der Demokratischen Republik Kongo helfen , ihren gerechten Anteil an Lizenzgebühren und Infrastrukturentwicklung zu erhalten. Aufgrund der IWF-Unterstützung, die DRC derzeit im Jahr 2022 erhält, sollte DRC beim Abschluss von Bergbaugeschäften mit den Russen vorsichtig sein, da der IWF bereits die zeremonielle Rolle des russischen Vertreters Aleksei Mozhin bei der russischen Invasion in der suspendierten Ukraine bestätigt hat. Da sich dieses Abkommen mit Russland jedoch auf die kongolesische Vermittlung bei der Lösung der geopolitischen Konflikte Russlands stützt , sieht der IWF dies möglicherweise nicht als ein wichtiges Problem, das seine Kreditvereinbarung mit Russland betrifft Demokratische Republik Kongo.

Russland und China, die den Kobaltmarkt kontrollieren, würden solchen Nationen erlauben, Abschreckungsmittel gegen aggressive und provozierende westliche Nationen zu errichten, die versuchen, die innere Stabilität in östlichen Ländern zu stören. In den letzten Jahren mussten die USA aufgrund der Rolle Chinas bei der Herstellung von Lithium-Ionen-Batterien, von denen die USA für ihre elektrischen und Verteidigungsfähigkeiten abhängig sind, standardmäßig einen vorsichtigen Ansatz im Umgang mit strittigen Fragen im Zusammenhang mit Chinas geopolitischer Agenda beibehalten. Entweder das, oder es droht

Der Fall des US-Dollars

Batterieknappheit, wenn China beschließt, seine Batterieexporte aus den USA als Vergeltung für die Feindseligkeit der USA gegenüber China zurückzuhalten. Russland hingegen konnte nur solchen Druck auf Deutschland ausüben, das von russischen Öl-, Gas- und Weizenexporten abhängig war. Aus diesem Grund war Deutschland mehr als gezwungen, versöhnliche Maßnahmen gegenüber Russland zu ergreifen, um dieses heikle Arrangement nicht zu gefährden, das im Falle einer Beeinträchtigung systemische Auswirkungen auf die deutsche Wirtschaft hätte. Diese Abhängigkeiten sind zweifellos eine Abschreckung für aggressive militaristische und provokative Aktionen, da die Nationen lieber ein Abkommen aufrechterhalten würden, das zu einer stabilen Wirtschaft führt, als das Gleichgewicht zu stören, indem sie einen Krieg und eine Wirtschaftskrise riskieren. Jetzt könnte Russland im Rahmen eines Kobaltabkommens zwischen Russland, China und der Demokratischen Republik Kongo eine größere Abhängigkeit von westlichen Nationen schaffen , die auf den Export von Lithium-Ionen-Batterien aus dem Osten angewiesen sind. Diese Abhängigkeit würde Provokationen und expansive Motive abschrecken. Die Drohung, dass Russland Kobaltexporte nach China zurückhalten würde, um westliche Feindseligkeiten abzuschrecken, würde zu einem Rückgang der Menge an Batterien führen, die China produzieren und in den Westen exportieren kann. Dies würde somit westliche Nationen betreffen und auch westliche Nationen zwingen, Feindseligkeiten mit Russland zu vermeiden, da ihre Wahl in diesem Fall entweder Diplomatie wäre oder der Verlust der Stromversorgung riskiert würde. Die Bedeutung davon darf nicht unterschätzt werden, denn selbst in einer Zukunft, in der die derzeitige geopolitische Krise zwischen Russland und der Ukraine endlich zu Ende geht, wird und wird der Westen das Land, auf dem Russland sitzt, im Auge behalten und versuchen, irgendeine Form des Einmarsches zu rechtfertigen zu versuchen, die Rus-Leute von den Rus-Ländern zu trennen die große Vielfalt der dort befindlichen Ressourcen und Mineralvorkommen zu erwerben. Der Mangel an ausreichenden Bodenschätzen in Westeuropa und den Vereinigten Staaten, um ihre industriellen Bestrebungen aufrechtzuerhalten, war ein Faktor, der dazu führte, dass sie sich im Nahen Osten einmischen mussten. Lateinamerikanische, afrikanische und russische Geopolitik. Bevor Saudi-Arabien ein nachweislich ölreiches Land war, war Russland das Hauptreservoir für Öl und Getreide. Polen, Frankreich, Deutschland, Schweden haben alle in der Vergangenheit entweder versucht , Russland zu erobern oder die militärische Eroberung Russlands aus genau diesem Grund zu rechtfertigen. Selbst als 1812 ein Konflikt zwischen westlichen Nationen wie England und Frankreich ausbrach, waren Russlands Getreideexporte nach England in dieser Zeit zu einem Brennpunkt geworden, der eine französische Invasion in Russland auslöste. Deutschlands militärische Einfälle nach Osten in Richtung Russland während des Ersten und Zweiten Weltkriegs waren größtenteils durch den Zugang zur ukrainischen Getreideproduktion und zum russischen Öl motiviert, die Deutschland benötigte, um seine Logistik, Artillerie und andere militärische Ausrüstung zu warten. Deutschland konnte nicht genug Öl oder Getreide aus eigenem Anbau produzieren Land.

Die Regierung der Demokratischen Republik Kongo braucht nicht nur

Der Fall des US-Dollars

Verteidigungstraining, sondern auch Waffen und Infrastruktur, da ein Großteil Zentralafrikas von Gewalt, Korruption und Kämpfen heimgesucht wird. Es gibt eine Reihe von Rebellengruppen im Kongo, denen es gelungen ist, Waffen durch die illegale Waffenexportindustrie aus verschiedenen Teilen der Welt zu erwerben. Einige der Rebellen haben jedoch die Demokratische Republik Kongo um Amnestie gebeten und wollen in ihre Regierungstruppen integriert werden. Deutschland sollte ein Waffenabkommen anstreben, das mit den Bemühungen des Kongo zusammenfällt, genau das zu tun – Amnestie und Integration von Rebellengruppen in die Demokratische Republik Kongo. Deutschland sollte die Waffen jedoch von der Ukraine kaufen , bevor es sie in die Demokratische Republik Kongo verschiffte, was dazu beitragen würde, den sporadischen Waffenhandel des Kongo zu regulieren und es der Ukraine ermöglichen würde, den Markt zu dominieren und seine Wirtschaft wiederzubeleben. Die Ausbildung der Verteidigungskräfte der Demokratischen Republik Kongo sollte jedoch von russischem Personal durchgeführt werden. Als Gegenleistung für eine Amnestie für ein Waffengeschäft zwischen Deutschland und dem Kongo – was bedeutet, dass Deutschland Waffen an die Regierung der Demokratischen Republik Kongo liefern würde, indem es sie aus der Ukraine kauft, wenn die Demokratische Republik Kongo Rebellengruppen Amnestie gewährt – würde Deutschland einer Erlaubnis zum Bau eines Staudamms im Kongo für Kongo zustimmen die Entwicklung von grünem Wasserstoff. Deutschland hat versucht, auf die Stromerzeugung mit Wasserstoff umzusteigen, mit dem Ziel, Wasserstoff-Brennstoffzellen für Elektrofahrzeuge in Serie zu produzieren. Im Gegensatz zu Lithium-Ionen-Batterien sind Wasserstoff-Brennstoffzellen nicht auf Kobalt angewiesen. Sie werden mit Platin entwickelt. Untersuchungen haben jedoch ergeben, dass Kobalt Platin in Wasserstoff-Brennstoffzellen ersetzen und auch die Kosten senken kann Produktion. Sollte Deutschland nach einer Option suchen, Kobalt anstelle von Platin zu verwenden, könnten sie das Kobalt einfach entweder von den im Kongo tätigen chinesischen oder russischen Bergbauunternehmen kaufen. Sollte Deutschland außerdem ein Abkommen mit Saudi-Arabien abschließen, in dem Deutschland sich bereit erklärt, die Sicherheit Saudi-Arabiens im Austausch für in Euro oder D-Mark gehandeltes Öl aufrechtzuerhalten, sollte die Demokratische Republik Kongo über einen kongolesischen Militärstützpunkt in Deutschland verfügen, der eine Freiwilligengruppe zur Verfügung stellt Deutsches Heer. Dies schafft eine Lieferkette der Abhängigkeit, in der die Demokratische Republik Kongo von Schulungen aus Russland abhängig ist, um im Gegenzug Kobaltabbauverträge, Waffen aus Deutschland, die sie von ukrainischen Oligarchen kaufen, um der ukrainischen Wirtschaft zu helfen, und Infrastruktur von den Chinesen im Austausch für Kobaltabbauverträge anzubieten. Damit haben wir ein neues Konsortium von Nationen für Weltfrieden und Stabilität: die Demokratische Republik Kongo, Russland, China, die Ukraine, Deutschland und Saudi-Arabien.

Der Fall des US-Dollars

Kapitel 4: Russlands internationale Unterstützung

Parallel zum zunehmenden Engagement Deutschlands in Saudi-Arabien wird Russlands Engagement in Lateinamerika erfolgen. Während des Kalten Krieges bot die kubanische Revolution in den 1950er Jahren einen strategischen Rahmen, um die US-Sicherheitsinteressen der Sowjetunion in der westlichen Hemisphäre zu untergraben. Havanna wurde somit zum Ground Zero für Moskaus Bemühungen, und dort errichtete die Sowjetunion einen Militärstützpunkt. Mehrere Jahre lang leistete die Sowjetunion Kuba direkte militärische Hilfe, indem sie Waffen nach Havanna verschiffte. Sie unterstützten während des Kalten Krieges auch andere linke/Anti-US-Regime in Lateinamerika. Aber als die Sowjetunion 1991 zusammenbrach, hatte Moskau seine Präsenz und seinen Einfluss dort reduziert und Russland schließlich vom Radar des US-Sicherheitsapparats genommen. Dennoch erbte die neue Russische Föderation einige dieser lateinamerikanisch-sowjetischen Beziehungen der Vergangenheit, aber gleichzeitig war sich Russland bewusst, dass jeder Versuch, diese Partnerschaften der Kalten Ära wiederherzustellen, irgendeine Art von Vereinbarung erfordern würde, zu der Russland nicht in der Lage wäre leisten. Dies war zunächst nach der Gründung der Russischen Föderation im Jahr 1991 der Fall. Die Dinge änderten sich jedoch Ende der 1990er Jahre, als Russland sein Engagement mit lateinamerikanischen Ländern verstärkte und eine engere Zusammenarbeit anstrebte, insbesondere mit den Ländern, die strittige Probleme mit den Vereinigten Staaten hatten. einschließlich Kolumbien. Russlands Unterstützung für den damaligen kolumbianischen Präsidenten Ernesto Samper trotz seiner Verbindungen zu Drogenkartellen führte dazu, dass Kolumbien russische Militärhubschrauber anstelle von US-amerikanischen kaufte. Dieser Schritt von Columbia verstieß gegen eine Vereinbarung, in der Columbia sich bereit erklärte, in den USA hergestellte Ausrüstung zu kaufen. Russland versuchte daraufhin, in Lateinamerika einen Markt für seine Waffenexporte zu errichten. So nahmen Russlands Handelsbeziehungen mit Lateinamerika zu, genauer gesagt mit Ländern wie Brasilien, Argentinien und Mexiko. Alles in allem war es weitaus weniger bemerkenswert als Russlands Handelsabkommen mit einem Großteil Europas, und Russlands Beziehungen zu Lateinamerika zu dieser Zeit Ende der 1990er/Anfang der 2000er Jahre stellten möglicherweise kein Sicherheitsrisiko für das Engagement der Vereinigten Staaten in der Region dar gezwungen, nicht nur mehr Widerstand gegen US-Interessen zu leisten, sondern sich auch stärker auf der internationalen Bühne als Hauptakteure in globalen Angelegenheiten zu etablieren. Russland konnte auch durch seine distanzierte Haltung gegenüber der Innenpolitik der lateinamerikanischen Länder eine Beziehung zu den lateinamerikanischen Ländern aufbauen. Russland würde Kuba oder Venezuela normalerweise nicht zu Menschenrechtsverletzungen befragen, und Russland wusste, dass diese Länder sie nicht in ähnlicher Weise befragen würden. Seit den 2000er Jahren, inmitten der wachsenden NATO-Osterweiterung, hat Russlands gleichzeitiger Antiamerikanismus und sein Beharren auf einer multipolaren Weltordnung bei den Führern in Lateinamerika Anklang gefunden. Hugo Chavez, Raul Castro und Daniel Ortega gehörten zu den prorussischsten Führern in Lateinamerika. Russlands Nostalgiebewegung,

Der Fall des US-Dollars

die die Ära der russischen Vergangenheit verherrlichte – vom Russischen Reich bis zur Sowjetunion – fiel mit Russlands Engagement in Lateinamerika zusammen, das seine Ursprünge auf die Sowjetzeit zurückführt, als die Sowjetunion eine Militärbasis und Ballistik errichtete Raketen in Kuba in den 1960er Jahren. Gleichzeitig begrüßten jene hochrangigen Beamten in Lateinamerika, die gute Erinnerungen an die Aufstände im Kalten Krieg hatten, diesen Wunsch, diese engen Beziehungen wieder herzustellen. Sie wussten auch, dass sie auch finanziell von der Zusammenarbeit mit Russland profitieren könnten, wenn solche engen Beziehungen nicht erreichbar wären. Und das stellte sich heraus. Kuba wurden seine Schulden aus der Sowjetzeit von der Russischen Föderation erlassen und erhielt zusammen mit Nicaragua und Venezuela finanzielle Hilfe von Russland im Austausch für die Anerkennung der russischen Politik innerhalb des geopolitischen Einflussbereichs Russlands in Osteuropa. Diese lateinamerikanischen Länder erkannten separatistische Regionen in Georgien an und stimmten zu, Russland zu erlauben, souveräne Militärstützpunkte in ihren Ländern zu errichten zu einem späteren Zeitpunkt. Im Jahr 2014 kündigte Russlands Verteidigungsminister Sergej Schoigu Russlands Pläne zum Bau von Militärstützpunkten in Nicaragua, Kuba und Venezuela an, und ein Großteil dieser Bemühungen war durch den Einfluss der USA in der Ukraine-Krise motiviert.

Im Jahr 2011 wurde der russische Waffenhändler Viktor Bout in den Vereinigten Staaten wegen Verschwörung zum Verkauf von Flugabwehrwaffen an kolumbianische Terroristen zum Einsatz gegen Amerikaner in vier Fällen verurteilt. Dies stieß auf Bestürzung bei der Russischen Föderation, die die USA beschuldigen würde, gegen internationale Verhaftungs- und Haftstandards verstoßen zu haben. Rückblickend diente das Engagement Russlands in Lateinamerika seit 2000 und noch schlimmer nach 2010 dazu, die US-Osteuropapolitik zu adressieren, die Russlands Bedenken weitgehend ignorierte. Bereits 1997 sagte Boris Nemzow, der damalige stellvertretende Ministerpräsident Russlands, während eines Besuchs in Lateinamerika, dass eine russische Präsenz in Lateinamerika Russland helfen könnte, jeden antirussischen US-Einfluss in der Nähe der russischen Grenzen abzuwehren. Die US-Unterstützung für Georgien und die Ukraine in den Jahren 2008 bzw. 2014 veranlasste Russland, die militärische Zusammenarbeit mit Nicaragua zu verstärken.

Russlands Engagement in Lateinamerika dient nicht nur militärischen und wirtschaftlichen Zwecken, sondern auch Werbezwecken. Russland hat seine wachsenden Beziehungen zu Lateinamerika gegenüber dem russischen Publikum als Teil von Russlands wachsendem globalen Einfluss und seinem kühnen Widerstand gegen die Vereinigten Staaten angepriesen, indem es direkt in seinem Hinterhof eine militärische Zusammenarbeit aufbaut. Nach der russischen Invasion in der Ukraine im Jahr 2022, die sich negativ auf die Sicht der Russen auf den Kreml auswirkte, könnte Russland jedoch unter größerem Druck stehen, den Einfluss der Medien im Ausland aufzubauen, um seinen internationalen Ruf zu verbessern, und dies könnte in Lateinamerika deutlicher werden. Es ist möglich, dass Russland versucht, seine Kultur im Ausland zu fördern, indem es andere Länder dazu überredet, russisches Fernsehen oder russische Medien in ihren Netzwerken zu senden. Russland hat der russischen Öffentlichkeit in den letzten Jahren zweifellos die lateinamerikanische Kultur präsentiert, und daher ist sich die russische Öffentlichkeit der Bedeutung Lateinamerikas für Russland bewusster. Russland hat auch eine spanischsprachige Rundfunkabteilung für sein RT-Netzwerk eingerichtet. Der spanische Sender RT hat neben seinem Hauptsitz in Moskau Büros in Kuba, Venezuela und Argentinien. Russlands Engagement in Lateinamerika nach Russlands Invasion in der Ukraine am 24. Februar 2022 – weitgehend motiviert durch die NATO-Erweiterung – wird voraussichtlich wirtschaftlich, militärisch und politisch erheblich ausgeweitet und bis nach Mexiko reichen. Die wachsende Latino-Bevölkerung in Texas wird eine ernsthafte Bedrohung für Amerikas geografische Überlagerung darstellen, da Russland wahrscheinlich versuchen wird, dort Separatismus zu schüren. Mit den Lehren der Critical Race Theory, die in US-Schulen verbreitet werden, könnte es Russland noch leichter fallen, Zwietracht unter den Amerikanern zu säen. Der zunehmende russische Einfluss wird auch die lateinamerikanischen Nationen dazu ermutigen, ein größeres politisches Durchsetzungsvermögen zu zeigen und die Interessen der USA immer weniger zu berücksichtigen. Aufgrund dieser sich entwickelnden Situation in Lateinamerika werden Sicherheitsbehörden wie die US-CIA und der russische FSB ihre Geheimdienstoperationen dort verstärken, was zu einem sehr intensiven Geheimdienst- und Subversionskrieg führen wird, da die amerikanische Stimmung in Lateinamerika zu einer ernsthaften Besorgnis für die werden wird US-diplomatisches Tauziehen oder Krieg zwischen den USA und Russland um die Unterstützung lateinamerikanischer Führer. Ähnlich wie die Ukraine das ultimative Ziel der NATO in Osteuropa war, um die US-Dominanz über Russland zu festigen, wird Texas das ultimative Ziel und der Hauptfokus der Absicht Russlands sein, die Vereinigten Staaten zu destabilisieren und ihren unipolaren Moment zu beenden. Russland wird versuchen, dieses Ziel zu erreichen, indem es langsam von Lateinamerika ausgeht.

Die westliche Empörung und die gegen Russland verhängten Sanktionen dürften nur kurzfristig Auswirkungen auf den russischen Staat haben. Tatsächlich werden die Nachwirkungen der russischen Invasion in der Ukraine langfristig die internationale wirtschaftliche Position der Vereinigten Staaten negativ beeinflussen. Es war klar, dass selbst während des Russland-Ukraine-Krieges viele Nationen besorgt waren, Russland wegen seiner umfassenden Invasion seines wichtigsten westlichen Nachbarn, der Ukraine, zu verurteilen oder zu konfrontieren. Ein guter Teil dieser widerstrebenden Länder sind eigentlich Verbündete der USA. Die Nationen, die Russland seit dem Einmarsch in die Ukraine fast bedingungslos unterstützt haben, waren Syrien, Weißrussland, Eritrea, Nordkorea, Kuba und Venezuela. Andere Länder wie China haben einen versöhnlichen Ansatz gewählt und beschlossen, Russlands militärischen Einmarsch in die Ukraine nicht als „Invasion" zu bezeichnen. China hat sich auch geweigert, sich den weit verbreiteten westlichen Bemühungen anzuschließen, Russland zu sanktionieren. Ein Großteil dieser Angst unter den Nationen, Repressalien gegen Russland zu ergreifen, ist größtenteils teilweise auf ihre wirtschaftlichen und militärischen Verbindungen zu Russland zurückzuführen. Russland war in der Lage, seine riesigen Öl-,

Der Fall des US-Dollars

Waffen- und Verteidigungsressourcen zu nutzen, um strategische Partnerschaften zu sichern. Aus diesem Grund könnte Russland eine Rettungsleine haben, um den langfristigen Auswirkungen der wirtschaftlichen Beschränkungen zu entgehen, die ihm der Westen auferlegt. Russland schenkt den Nationen, die von den russischen Beziehungen profitiert haben, große Aufmerksamkeit, betrachtet China jedoch als seinen wichtigsten Partner, der den durch Sanktionen verursachten Schaden mindern kann. Viele sehen in Chinas engen Beziehungen zu Russland einen möglichen Katalysator für produktive Friedensgespräche zwischen Russland und der Ukraine mit China als Vermittler.

Russland stellt 60 Prozent der indischen Militärartillerie als Nebenprodukt einer jahrzehntelangen Beziehung. Aus diesem Grund hat sich Indien geweigert, provokative Rhetorik über Russlands Krieg in der Ukraine zu führen, und hat auch eine friedliche Lösung der Krise gefordert. Sie wandten diesen Ansatz auch nach der Annexion der Krim durch Russland im Jahr 2014 an. Es gibt bestimmte Auswirkungen auf Indien, die mit dem Verbot Russlands einhergehen würden, Auswirkungen, auf die Indien kurzfristig nicht vorbereitet ist. Indien hat versucht, sich aus seiner Rüstungsabhängigkeit von Russland zu lösen, indem es Waffengeschäfte mit anderen Nationen abschloss, blieb dabei aber von Russland abhängig. Dies war aufgrund der Feindseligkeit Indiens aus Pakistan und China zwingend erforderlich, weshalb Indien sehr an Maßnahmen interessiert ist, die den Krieg zwischen Russland und der Ukraine beenden könnten. Unterdessen erwägt die Zentralbank von Indien ein Handelsabkommen mit Russland, das die ausschließliche Verwendung indischer Rupien und Rubel für Transaktionen beinhalten würde. Indien kauft auch weiterhin russisches Öl und Gas und strebt einen Deal an, bei dem Indien 3 Millionen Barrel Öl mit einem Rabatt von Russland kaufen würde.

Israel ist ein weiteres Land, das zögerte, Sanktionen gegen Russland zu verhängen, da sein Gesetz nur Sanktionen gegen ein Land verhängen kann, das als Feind Israels mit dem Gräuel belegt wurde. Israel hat außerdem geschworen, keine Waffen in die Ukraine zu liefern, und weigert sich, Pegasus-Spyware an NATO-Mitglieder zu verkaufen. Israel hat sich jedoch freiwillig bereit erklärt, Frieden zwischen Russland und der Ukraine zu vermitteln, da der israelische Ministerpräsident sowohl mit dem russischen Präsidenten Wladimir Putin als auch mit dem ukrainischen Präsidenten Wolodymyr Selenskyj gesprochen hat. Ein Großteil der vorsichtigen Haltung Israels gegenüber Russland hat mit Russlands Präsenz in Syrien als Verbündeter der Assad-Regierung und der Tatsache zu tun, dass Russland der israelischen Luftwaffe erlaubt hat, Angriffe auf in Syrien stationierte iranische Stützpunkte durchzuführen. Der Iran lagert Waffen auf syrischem Boden und liefert sie an die Hisbollah im Libanon und an Milizen im Jemen und im Gazastreifen. Mit Zugang zum syrischen Luftraum kann Israel seine eigene nationale Sicherheit besser schützen. In dieser Hinsicht ist Russland ein entscheidender Verbündeter für den Staat Israel, und der größte Gewinn, den Russland in Bezug auf Israel erzielen kann, ist die Unterstützung der Medien, die die westliche Propaganda bekämpfen könnte, dass Russland weitgehend als langjährige Bedrohung für die Vereinigten Staaten angesehen wird und die Vereinigten Staaten haben die Welt seit dem Zweiten Weltkrieg repräsentiert. Als Vermittler zwischen Israel und dem iranischen/schiitischen und sunnitischen Sektierertum wird Russland in der Lage sein, bedeutende Medienunterstützung von seriösen und bekannten Nachrichtenagenturen wie der Jerusalem Post und Al Jazeera zu erhalten, die sich beide auf die Berichterstattung über globale Angelegenheiten konzentrieren werden.

Auch Saudi-Arabien und die OPEC-Mitgliedsländer sind weiterhin bestrebt, eine Verurteilung Russlands wegen der Invasion der Ukraine zu vermeiden. Saudi-Arabien und die OPEC sehen in Russland einen wichtigen Verbündeten bei der Regulierung der globalen Ölpreise. Im Jahr 2019 lud die OPEC Russland ein, Teil eines erweiterten Netzwerks namens „OPEC+" zu werden, um eine kostengünstige und profitable Ölförderung zu ermöglichen, um dem amerikanischen Schieferölboom entgegenzuwirken. Seit der russischen Invasion in der Ukraine weigert sich Saudi-Arabien, die Forderungen der USA nach einer Erhöhung der Ölförderung zu wehren, um den steigenden Ölpreisen entgegenzuwirken, die aus Sanktionen und Ölembargos gegen Russland resultieren. So hat Saudi-Arabien signalisiert, dass es nicht bereit ist, die strategische Partnerschaft zwischen der OPEC und Russland bei der globalen Ölförderung aufs Spiel zu setzen.

Während die Türkei die russische Invasion in der Ukraine verurteilt hat, hat sie sich geweigert, Russlands Zugang zu seinem Luftraum zu sanktionieren oder abzuschneiden. Die Türkei sieht die Präsenz Russlands in Syrien als Abschreckung für die Entwicklung eines möglichen kurdischen Staates nahe der türkischen Grenze. Die Türkei hat auch S-400-Flugabwehrraketen von Russland gekauft und Energieabkommen unterzeichnet. Dennoch bleibt die Türkei entschlossen, alle Seiten des Konflikts zu navigieren. Trotz ihrer Beziehungen zu Russland hat die Türkei in der Türkei hergestellte Drohnen an die Ukraine geliefert, was der Ukraine geholfen hat, der russischen Invasion zu widerstehen.

Südafrika hat die NATO offen für den Krieg in der Ukraine verantwortlich gemacht und sich geweigert, Russland zu verurteilen. Für Südafrika ist ihre Perspektive tief verwurzelt in einem Hintergrund, der bis in die Zeit des Kalten Krieges zurückreicht, als die Sowjetunion Anti-Apartheid-Aktivisten in Südafrika unterstützte, während die Vereinigten Staaten ihre Unterstützung für das Apartheid-Regime über mehrere Jahre aufrechterhielten .

Der Fall des US-Dollars

Kapitel 5: Der erste Nichtangriffspakt

Es wird oft darauf hingewiesen, dass, weil die NATO nach Russlands Invasion in der Ukraine die gleiche Zurückhaltung gegenüber Russland anwendet, die Frankreich und Großbritannien Deutschland gegenüber angewendet haben, nachdem Deutschland 1939 in Polen einmarschiert war, das Ergebnis irgendwie dasselbe sein wird – genau wie Hitler ermutigt, sich auf eine zu begeben imperialistischen Agenda wird Putin wahrscheinlich den gleichen Ansatz versuchen. 1939 hoffte Frankreich, die deutsche Aggression abzuschrecken, indem es in der Nähe der deutsch-französischen Grenze entlang der Maginot-Linie mobilisierte, ähnlich wie die NATO glaubt, dass es die russische Aggression abschrecken könnte, indem es seine Truppen in der Nähe der Grenze in jedem mobilisierten NATO-Mitgliedsland stationiert. Dieser Ansatz hat damals sicherlich nicht funktioniert, und viele glauben, dass er im Falle der Absichten Russlands nach der Luftlandung in der Ukraine nicht funktionieren wird. Rückblickend hätte Frankreich in Deutschland einmarschieren können, bevor Hitler sich entschieden hätte, zuerst zuzuschlagen, aber dazu hätte man als Angreifer fungieren müssen, ohne wirklich zu wissen, dass Hitler damals vorhatte, die Weltherrschaft an sich zu reißen und 6 Millionen Juden zu töten. Aber im Nachhinein hielt es Hitler davon ab, zuerst zuzuschlagen. Ein weiterer Faktor für Hitlers Entscheidung, seine Militäroperationen auszuweiten, war die Tatsache, dass nach dem Einmarsch Deutschlands in Polen sowohl Frankreich als auch England Deutschland den Krieg erklärten. In dieser Hinsicht hatte Hitler allen Grund zu der Annahme, dass beide Nationen schließlich versuchen würden, Deutschland zu ersticken oder anzugreifen. Im Gegensatz dazu hat bis zum 27. März 2022 keine beobachtende Nation Russland wegen der russischen Invasion in der Ukraine offiziell den Krieg erklärt. Natürlich gibt es einen weiteren Aspekt, der in Frage gestellt werden kann, nämlich wie die Invasion die Saat eines größeren Konflikts säen könnte. Dieser Aspekt bezieht sich darauf, wie Sanktionen Russland von der internationalen Wirtschaft isolieren, ähnlich wie der Vertrag von Versailles Deutschland von der internationalen Wirtschaft isoliert hat. Und es ist ziemlich ähnlich, wie beide wirtschaftlichen Beschränkungen einen Zwang aufrechterhalten, der die Nation letztendlich davon abhält, vergangenes Fehlverhalten auszugleichen und auch ihre Schulden an Empfänger zu bezahlen, die aus den außenpolitischen Pannen der Nation herausgehalten werden. Nach dem Ersten Weltkrieg hatte Deutschland Schwierigkeiten, Reparationen und Schulden zu bezahlen, weil es keinen Zugang zu wirtschaftlichen Einnahmen hatte. Gleichzeitig könnte Russland, selbst wenn es nachgeben würde, keine Reparationen zahlen, wenn seine Einnahmequelle abgeschnitten wäre. Nachdem ihnen im März 2022 schwere Sanktionen auferlegt worden waren, musste Russland einen Großteil seiner US-Dollar-Bestände zusammenkratzen, um seinen Eurobond-Verpflichtungen nachzukommen. Eurobonds sind Offshore-Anleihen, die auf harte Währung lauten, normalerweise US-Dollar, die Regierungen ausgeben können, um Geld zu beschaffen. Hätte Russland keine US-Währung gelagert, wäre es nicht in der Lage gewesen, dieser Verpflichtung nachzukommen, und viele Investoren, die fern von der russischen Politik sind, hätten ernsthafte Verluste erlitten. Dies basiert auf einer sehr gültigen Frage; Können finanzielle Zwänge so angewendet werden, dass die dem Untergang geweihte Nation wirtschaftlich bestraft wird, nicht bis zu dem Punkt, an dem sie nicht mehr in der Lage ist, die durch diese Zwänge auferlegten Verpflichtungen zu erfüllen? Denken Sie an den berühmten Ökonomen John Maynard Keynes. John Maynard Keynes nahm an der Pariser Konferenz teil, verließ sie jedoch abrupt aus Protest gegen den Vertrag, der seiner Meinung nach kontraintuitiv war und die Bühne für weitere Konflikte in Europa bereitete. In seinem Buch The Economic Consequences of the Peace vom Dezember 1919 bestand Keynes darauf, dass die harten Strafen, die der Vertrag von Versailles Deutschland nach dem Ersten Weltkrieg auferlegte, zum wirtschaftlichen Zusammenbruch des Landes und damit zu einem Rückschlag und zu geopolitischen Unruhen führen würden. Im Herbst 1918 war sehr deutlich geworden, dass Deutschland den Ersten Weltkrieg wahrscheinlich nicht gewinnen würde. Deutschland war nach 4 Jahren der Angriffe militärisch erschöpft und konnte dem Ansturm der Alliierten, der durch den Eintritt der USA in den Ersten Weltkrieg verstärkt worden war, nicht mehr standhalten. Um einen desaströsen Ausgang für Deutschland zu vermeiden, wandte sich die Bundesregierung an US-Präsident Woodrow Wilson im Oktober 1918 und bat ihn, beim Entwurf eines Waffenstillstandsabkommens behilflich zu sein. Anfang dieses Jahres stellte Präsident Woodrow Wilson ein Friedensabkommen mit dem Titel Vierzehn Punkte und der Völkerbund vor, das einen Vorschlag darlegt, wie die Nationen der Welt den Wiederaufbau nach dem Krieg angehen sollten. Deutschland hatte gefordert, dass der Waffenstillstand den Richtlinien von Wilsons Vierzehn Punkten folgen solle, die Folgendes beinhalteten: 1. Offen ausgehandelte Friedenspakte, unter denen es keinerlei private internationale Verständigung geben darf, sondern die Diplomatie immer offen und öffentlich zugänglich sein muss. 2. Absolute Freiheit der Schifffahrt auf den Meeren außerhalb der Hoheitsgewässer sowohl im Frieden als auch im Krieg, es sei denn, die Meere können ganz oder teilweise durch internationale Maßnahmen zur Durchsetzung internationaler Abkommen geschlossen werden. 3. Die möglichst weitgehende Beseitigung aller wirtschaftlichen Schranken und die Herstellung gleicher Handelsbedingungen zwischen allen Nationen, die dem Frieden zustimmen und sich zu seiner Aufrechterhaltung zusammenschließen. 4. Angemessene Garantien gegeben und akzeptiert, dass die nationalen Waffen auf das niedrigste Niveau reduziert werden, das mit der inneren Sicherheit vereinbar ist. 5. Eine freie, weltoffene und absolut unparteiische Regelung aller kolonialen Ansprüche unter strikter Einhaltung des Grundsatzes, dass bei der Entscheidung aller derartigen Souveränitätsfragen die Interessen der betroffenen Bevölkerungen gleichberechtigt mit den berechtigten Ansprüchen der Regierung zu berücksichtigen sind, deren Titel sie ist bestimmt werden. 6. Die Räumung des gesamten russischen Territoriums und eine solche Regelung aller Fragen, die Rußland betreffen, um die beste und freieste Zusammenarbeit der anderen Nationen der Welt zu gewährleisten, um ihm eine ungehinderte und unparteiische Gelegenheit zu geben, seine eigene politische und nationale Entwicklung unabhängig zu bestimmen Politik und versichere ihr eines aufrichtigen Willkommens in der Gesellschaft freier Nationen unter Institutionen ihrer eigenen Wahl; und, mehr als ein

Der Fall des US-Dollars

Willkommen, jede Art von Hilfe, die sie braucht und sich wünschen könnte. Die Behandlung Russlands durch seine Schwesternationen in den kommenden Monaten wird der Härtetest für ihren guten Willen, ihr Verständnis für seine Bedürfnisse im Gegensatz zu ihren eigenen Interessen und ihre intelligente und selbstlose Sympathie sein. 7. Belgien, darin wird sich die ganze Welt einig sein, muss evakuiert und wiederhergestellt werden, ohne dass versucht wird, die Souveränität zu schmälern, die es gemeinsam mit allen anderen freien Nationen genießt. Keine andere Einzelmaßnahme wird dazu dienen, das Vertrauen der Nationen in die Gesetze wiederherzustellen, die sie selbst erlassen und eingeführt haben, um ihre Beziehungen untereinander zu regeln. Ohne diesen Akt der Heilung ist die gesamte Struktur und Gültigkeit des Völkerrechts für immer gefährdet. 8. Alle französischen Gebiete sollten befreit und die besetzten Teile wiederhergestellt werden, und das Unrecht, das Frankreich 1871 von Preußen in der Elsass-Lothringen-Frage angetan wurde, das fast fünfzig Jahre lang den Weltfrieden erschütterte, sollte wiedergutgemacht werden, damit der Frieden gesichert werden kann wieder im Interesse aller. 9. Italiens Grenzen sollten nach klar erkennbaren Nationalitätengrenzen neu geordnet werden. 10. Dem Volk Österreich-Ungarns, dessen Platz unter den Völkern wir bewahren und sichern wollen, soll die freieste Möglichkeit zur selbständigen Entfaltung gewährt werden. 12. Den türkischen Teilen des gegenwärtigen Osmanischen Reiches sollte eine sichere Souveränität zugesichert werden, aber den anderen Nationalitäten, die jetzt unter türkischer Herrschaft stehen, sollte eine unbestreitbare Lebenssicherheit und eine absolut ungestörte Gelegenheit zur autonomen Entwicklung zugesichert werden; und die Dardanellen sollten dauerhaft als freie Passage für die Schiffe und den Handel aller Nationen unter internationalen Garantien geöffnet werden. 13. Es sollte ein unabhängiger polnischer Staat gegründet werden, der die von unbestreitbar polnischen Bevölkerungsgruppen bewohnten Gebiete umfasst, denen ein freier und sicherer Zugang zum Meer garantiert werden sollte und dessen politische und wirtschaftliche Unabhängigkeit und territoriale Integrität durch internationale Abkommen garantiert werden sollten. 14. Eine allgemeine Union von Nationen muss unter bestimmten Vereinbarungen gebildet werden, um großen und kleinen [Staaten] gleichermaßen gegenseitige Garantien für politische Unabhängigkeit und territoriale Integrität zu gewähren.

Am 11. November 1918 würden die Vereinigten Staaten der Bitte Deutschlands nachkommen und ein Waffenstillstand nach dem Vorbild der Vierzehn Punkte wurde unterzeichnet und in Kraft gesetzt, wodurch die Kämpfe im Ersten Weltkrieg beendet wurden.

als Vertreter des britischen Finanzministeriums , der für seine Brillanz in der Finanzstrategie bekannt geworden ist. Während der Konferenz saß er als Berater des britischen Premierministers David Lloyd George im Business Council. Ein Großteil der Entscheidungsgewalt der Konferenz würde von Präsident Wilson, Premierminister Lloyd George und dem französischen Premierminister Georges Clemenceau ausgeübt. Deutschland wurde keine Rolle in der Konferenz zugewiesen, die ihr Schicksal letztendlich in den Händen der oben genannten verbündeten Länder beließ. Schon kurz nach Einberufung der Konferenz wurde klar, dass sich der Vertrag stark von dem vorangegangenen Waffenstillstand zwischen Deutschland und den Vereinigten Staaten im November 1918 unterscheiden würde. Wilson gab dem zunehmenden Druck Frankreichs nach, das sich für die ihm von Deutschland auferlegten Beschränkungen rächen wollte nach dem Deutsch-Französischen Krieg 1871 im Rahmen des Frankfurter Friedensvertrages. Lloyd George versuchte, neutral zu bleiben, stellte sich aber letztendlich auf die Seite Frankreichs und stimmte zu, dass Deutschland gezwungen werden sollte , Reparationen für Schäden an zivilem Leben und Eigentum in den alliierten Ländern zu zahlen. Der Vertrag von Versailles machte Deutschland für den Ersten Weltkrieg voll verantwortlich und verpflichtete Deutschland, den alliierten Ländern Schadensersatz zu zahlen, während die alliierten Länder von der Verpflichtung befreit wurden, für Schäden zu zahlen, die sie deutschen Zivilisten zugefügt hatten. Der Vertrag sollte Deutschland zerschlagen, 10 % seines Territoriums wegnehmen, es entwaffnen, seinen Zugang zum Seehandel einschränken, seine ausländischen Finanzreserven und seine Handelsflotte konfiszieren. All dies wurde mit einer Reparationsverpflichtung von mehr als 30 Milliarden Dollar gekrönt, die Deutschland unter der Bedingung zahlen musste, dass die Alliierten das Recht hatten, in das Land einzumarschieren, wenn sie es nicht taten. Dies entsetzte Keynes, der einen Plan vorschlug, wonach Deutschland einen Kredit für das Nötigste erhalten würde, während es daran arbeitete, Reparationen zu zahlen. Lloyd George stimmte diesem Vorschlag zu, aber Woodrow Wilson glaubte, dass er vom Kongress abgelehnt werden würde. Keynes, äußerst enttäuscht von Wilsons Aussage, trat von seiner Rolle bei der Pariser Konferenz zurück. Deutschland weigerte sich zunächst, diesen Bedingungen zuzustimmen, gab aber schließlich nach, als die Alliierten eine Lebensmittelblockade gegen Deutschland verhängten und Deutschland zwangen, den Vertrag zu unterzeichnen.

Wie erwartet geriet Deutschland bald mit seinen Reparationszahlungen in Verzug, und 1923 besetzten französische und belgische Truppen das industrielle Ruhrgebiet gemäß dem Versailler Vertrag, der besagte, dass die Alliierten einmarschieren könnten, wenn Deutschland mit seinen Reparationszahlungen in Verzug gerät. Ein Teil der Reparationszahlungen musste damals von Deutschland jährlich über einen Zeitraum von 10 Jahren in Form von Kohleexporten nach Frankreich, Belgien und Italien geleistet werden. Diese Invasion französischer und belgischer Streitkräfte wurde mit Protesten deutscher Arbeiter beantwortet, die Fabriken im Ruhrgebiet schließen wollten. Das Ergebnis davon führte zu einer extremen Inflation, die im November 1923 zum wirtschaftlichen Zusammenbruch Deutschlands führte. Dies führte zum Aufstieg der NSDAP, angeführt von Adolf Hitler, der einen erfolglosen Putsch gegen die deutsche Regierung wegen der Unterzeichnung des Versailler Vertrages starten würde. Im Laufe der Jahre wurde jedoch eine Vereinbarung getroffen, die Reparationsschulden Deutschlands von 132 Milliarden Goldmark auf 36 Milliarden mit Hilfe des Dawes-Plans zu reduzieren, der besagte, dass Amerika der deutschen Regierung Kredite gewähren würde. 1932 wurden die Zahlungen vollständig eingestellt, um Deutschland zu helfen, sich von der globalen Finanzkrise zu erholen. Später würde Hitler die Macht in Deutschland übernehmen und den Vertrag insgesamt untergraben , da der Schaden bereits durch den Vertrag von Versailles angerichtet worden war und Deutschlands nachfolgende

Remilitarisierung bereits in vollem Gange war, trotz der Abrüstungsanforderungen des Vertrags, dass Deutschland die Welt in einen weiteren Krieg führen sollte.

Wenn wir zu den gegenwärtigen Umständen des Jahres 2022 vorspulen, in denen Russland und die Ukraine in einen militärischen Konflikt verwickelt sind, können wir sehen, dass es einige Unterschiede und Ähnlichkeiten zwischen dem Hintergrund gibt, der zum Zweiten Weltkrieg führte, und dem Hintergrund, der zur russischen Invasion in der Ukraine führte. Zum Beispiel war Deutschlands Hauptmotiv, die Gebiete zurückzugewinnen, die Deutschland bei der Unterzeichnung des Versailler Vertrages abgetreten hatte. Diese Gebiete waren Belgien, die Tschechoslowakei, Polen, das Elsass und Lothringen sowie Überseekolonien in China, im Pazifik und in Afrika. Wenn wir dieses imperialistische Motiv der Re-Expansion in Putins Perspektive einbeziehen, müsste man argumentieren, dass Putin den Wunsch hat, die Sowjetunion wiederzubeleben, was eine Invasion oder Annexion nicht nur der Ukraine, sondern auch Armeniens, Aserbaidschans, Weißrusslands, Estland und Georgien, Kasachstan, Kirgisistan, Lettland, Litauen, Moldawien, Tadschikistan, Turkmenistan und Usbekistan. Im Gegensatz zu dieser Ähnlichkeit wäre der Unterschied, dass der Katalysator hinter Hitlers Wunsch, verlorene Gebiete zurückzuerobern, weitgehend im Vertrag von Versailles verwurzelt war, der verfügte, dass Deutschland einen Großteil seiner Gebiete aufgeben musste. Putin hingegen war von der Aussicht motiviert, dass sich ein führender westlicher Nachbar einem multinationalen Militärblock (NATO) anschließt, der ihm Atomwaffen liefern könnte, die gegen Russland gerichtet werden könnten. Tatsächlich ist dies seit 2014 ein Schwerpunkt der russischen Politik gegenüber der Ukraine. Es ist möglich, dass diese abschreckende Aussicht eine prosowjetische Ära-Nostalgie motiviert hat, die verwendet wurde, um Russlands Annexion der Krim im Jahr 2014 zu rechtfertigen. Die Krim war ein Geschenk des sowjetischen Generalsekretärs Nikita Chruschtschow an die Ukraine im Jahr 1954, eine Übertragung, die die Russische Föderation zu delegitimieren versuchte. Im Gegensatz zu Deutschland stand Russland nicht unter ernsthaften langfristigen finanziellen Engpässen, das heißt, bis Russland im Februar 2022 in die Ukraine einmarschierte. In dieser Hinsicht könnten wir Russlands Invasion in der Ukraine mit den deutschen Militäroperationen im Ersten Weltkrieg und den anschließenden Repressalien gegen Deutschland vergleichen des Versailler Vertrages vergleichbar mit den internationalen Sanktionen gegen Russland nach dem Einmarsch in die Ukraine im Jahr 2022. Selbst in diesem Fall spiegelt die Reaktion Russlands auf solche Sanktionen möglicherweise nicht vollständig die Reaktion Deutschlands auf den Versailler Vertrag wider. Russland muss weder Reparationen an die Ukraine zahlen noch Ressourcen in mehrere Nationen exportieren. Tatsächlich wird das Gegenteil angewendet. Russlands Exportmärkte werden durch Embargos erstickt, und Russland droht keine Invasion, wenn es nicht in der Lage ist, irgendeiner Art von finanziellen Verpflichtungen nachzukommen, die ihm auferlegt werden. Ihr Militär wird auch vollständig intakt bleiben, wenn sie ihre Streitkräfte aus der Ukraine abziehen, im Gegensatz zu Deutschlands nach dem Ersten Weltkrieg, das stark reduziert und wirkungslos gemacht wurde. Aus diesem Grund kann sich Russlands Post-Sanktionen-Ansatz von Deutschlands Post-Versailles-Ansatz unterscheiden. Wenn überhaupt, werden Sanktionen gegen Russland Deutschland in die wirtschaftliche Verzweiflung zurückversetzen, die zu seiner selbstbewussten und trotzigen Politik in den 1930er Jahren geführt hat, die, ähnlich wie Deutschland in den 1930er Jahren, Deutschland in den 2020er Jahren und darüber hinaus dazu zwingen wird, alle ihm auferlegten Beschränkungen aufzuheben seinen westlichen Verbündeten und in puncto Remilitarisierung und Selbstbestimmung den gleichen Weg wie die Nazis gehen, weshalb dieses Buch die Aneignung des US-Dollars als Weltreservewährung durch den Euro prognostiziert.

Die Finanzbeziehungen zwischen Russland und Deutschland sind seit dem Ersten Weltkrieg von Phasen der Spannung und Harmonie geprägt. Nach dem Ersten Weltkrieg fiel es beiden Nationen ziemlich leicht, zu normalisierten Handelsbeziehungen zurückzukehren, da die Nachkriegszeit es beiden Seiten ermöglichte, ihre jeweiligen innenpolitischen Angelegenheiten zu priorisieren. 1922, innerhalb von 3 Jahren nach Kriegsende, unterzeichneten Russland (Sowjetunion) und Deutschland den Vertrag von Rapallo. Selbst als Hitler 11 Jahre später mit einer anti-bolschewistischen und anti-russischen Plattform an die Macht kam, unterhielten Deutschland und Russland dennoch eine zusammenhängende Handelsbeziehung, die Deutschland mit dringend benötigten Ressourcen versorgte, um Polen 1939 zu remilitarisieren und gleichzeitig eine Offensive gegen Polen zu starten Deutschland hielt Polen würde den Westen übernehmen. Dieser Pakt wurde später von Hitler gebrochen, was den Zweiten Weltkrieg auslöste.

Die deutsch-russischen Beziehungen unmittelbar vor dem Krieg waren für die nationale Sicherheit und den Militärapparat jeder Nation von wesentlicher Bedeutung. So ermöglichte die Ratifizierung des deutsch-russischen Nichtangriffspakts Deutschland, seine Militäroperationen zu verlängern und Russlands Befürchtungen vor einem deutschen Einmarsch in die Sowjetunion zu mindern. Eine solche wurde sorgfältig von Hitler ausgearbeitet, der Deutschlands Handelsbeziehungen zu Russland nutzte, um das Vertrauen zu gewinnen, das ihm Zeit verschaffen und Deutschland daran hindern würde, nach dem Einmarsch in Polen einen Zweifrontenkrieg zu beginnen. Er brauchte auch die wertvollen Rohstoffe Russlands, um die deutsche Kriegsmaschinerie zu erhalten. Diese Ziele konnten nur durch einen politischen und wirtschaftlichen Konsens erreicht werden. So würden Deutschland und Russland ein Handelsabkommen unterzeichnen, das die deutschen Kriegsanstrengungen während eines Großteils der 1940er Jahre stärkte, als Deutschland in weite Teile West- und Mitteleuropas einfiel. Dieses Wirtschaftsabkommen normalisierte die Beziehungen zwischen der Sowjetunion und Deutschland und war wesentlicher Bestandteil der deutschen Kriegsanstrengungen als der Nichtangriffspakt. In der akademischen Forschung wird oft behauptet, dass die Verwüstung des Zweiten Weltkriegs hätte vermieden werden können, wenn Frankreich und England Deutschland früher angegriffen hätten, nachdem sie Deutschland 1939 den Krieg erklärt hatten. Aber wir sehen im Ersten Weltkrieg, wie die Überlagerung die napoleonische Herangehensweise an Frankreich unterstützt Invasion Russlands im Jahr 1812, die begonnen wurde, weil

Russland England mit Getreide versorgte, mit dem die Franzosen Krieg führten. In diesem Zusammenhang ist zu fragen, wie Frankreich und England Russlands Stärkung der deutschen Kriegsmaschinerie durch den Export von Rohstoffen nach Deutschland sehen und ob ein Vorgehen der Alliierten gegen Russland vor 1941 gerechtfertigt gewesen wäre. Und rechtfertigt diese Perspektive, Putin eher mit Napoleon als mit Hitler zu vergleichen, da Putins Beharren auf Expansion dem von Napoleon folgen würde – um die Exporte eines anderen Landes in eine gegnerische Nation abzuschneiden?

Nachdem Hitler in Deutschland an die Macht gekommen war, hatten seine ideologischen Angriffe auf den Bolschewismus und der anschließende Bruch Deutschlands in den politischen Beziehungen zu Russland keinen Einfluss auf das allgemeine Ansehen des Handels zwischen Deutschland und Russland, selbst als Hitler versuchte, Deutschlands wirtschaftliche Unabhängigkeit zu sichern und eine Politik zu etablieren ermutigt, Deutschland zu zwingen, zu versuchen, sich auf seine eigenen Ressourcen zu verlassen, um sich selbst zu ernähren, damit Deutschland in Kriegszeiten keine Importe aus fremden Nationen benötigt. Als sich abzeichnete, dass dieses Ziel nicht realisierbar war, verstärkte Deutschland seine wirtschaftlichen Beziehungen zur Sowjetunion. Trotz der nationalsozialistischen Politik gegen Kommunismus und Bolschewismus unterzeichneten Deutschland und die Sowjetunion 1936 einen Kreditvertrag, der ihre Handelsbeziehungen weiter stärkte. Es verschaffte Deutschland einen besseren Zugang zu russischen Rohstoffen wie Metallen und Öl. Dies erwies sich als entscheidend für Hitlers Wiederaufrüstungsprogramm, da Deutschland vor Abschluss dieses Abkommens nicht über genügend Material verfügte, um die Rüstungsbemühungen aufrechtzuerhalten. Und es ist wahrscheinlich, dass dies für die Nazis eine Quelle des Unmuts war, denn ohne Russland wäre Deutschland weder wirtschaftlich autark noch militärisch in der Lage, seine fortschrittlichen Waffen einzusetzen. Der Kreditvertrag von 1936 mit Russland gab Deutschland die notwendigen Werkzeuge für die Mobilisierung. 1938 überprüften sowohl Deutschland als auch die Sowjetunion ihre wirtschaftliche Lage. Alles in allem würde der Abschluss dieses Darlehensvertrags eine ernsthafte Dichotomie zwischen dem ideologischen Rahmen Nazi-Deutschlands und seiner Außenpolitik hervorheben und einen Hintergrund für die Verwirrung liefern, die sich aus der Beobachtung ergibt, wie westliche Nationen Russland für den Einmarsch in die Ukraine im Jahr 2022 verurteilen könnten, dies aber immer noch tun kaufen ihr Öl und Gas. Diese Widersprüchlichkeit ist seit geraumer Zeit ein fester Bestandteil der Geopolitik und wurde sogar während des Zweiten Weltkriegs verwendet. Darüber hinaus war es wahrscheinlich, dass die Inkonsistenz und der offene Widerspruch zwischen der deutschen Außenpolitik und ihrem ideologischen Dogma trotz des laufenden Wirtschaftsabkommens ein wachsendes Misstrauen zwischen den beiden Nationen kultivierten. Vielleicht hätte die Verhaftung Tausender in Rußland lebender Volksdeutscher unmittelbar nach Hitlers Überfall auf Polen der Anstoß gewesen sein können, der Deutschland auf den Weg gebracht hätte, den Nichtangriffspakt zu brechen. Wir sehen, dass dieser Aspekt der ethnischen Unterdrückung die Politik der Russischen Föderation gegenüber Tschetschenien im Jahr 1999, Georgien im Jahr

2008 und der Ukraine im Jahr 2014 beeinflusst hat. Der Hintergrund dieser Konflikte drehte sich um die Behandlung russischer Minderheiten in diesen Ländern. Es ist wahrscheinlich, dass Stalins Behandlung ethnischer Deutscher in Russland im Jahr 1939 Deutschland auf einen Kurs gegen Russland gebracht haben könnte.

Russlands Warenexporte nach Deutschland stärkten die Fähigkeit Deutschlands, seinen Willen gegen westliche Mächte durchzusetzen. Es modernisierte Deutschlands Militärtechnologie und bedrohte ernsthaft die Sicherheit der west- und mitteleuropäischen Nationen, da Hitler oft den Bedarf an Wohnraum erhöhte. Deutschlands wachsendes militärisches Ansehen und Hitlers Rhetorik zwangen Nationen wie Großbritannien und Frankreich, auf einem versöhnlichen Ansatz zu bestehen, um Deutschland zu besänftigen. Dies war weit entfernt von ihrer Antipathie gegenüber dem deutschen Staat nach dem Ersten Weltkrieg. Wir können sehen, wie sich dies zwischen Russland und den Vereinigten Staaten auswirkt, wo die USA, die seit dem Kalten Krieg eine antagonistische Politik gegenüber Russland begonnen haben, mehr sein werden gezwungen, versöhnliche Maßnahmen gegenüber dem russischen Staat anzuwenden, nachdem er 2022 Zeuge seiner kühnen Aggression gegen die Ukraine geworden war.

Die Bemühungen Frankreichs und Großbritanniens um eine Aussöhnung mit Deutschland waren nie deutlicher als auf der Münchner Konferenz von 1938, wo Hitler wegen der dort lebenden Zahl ethnischer Deutscher auf Deutschlands Recht bestand, das Sudetenland in der Tschechoslowakei zu kontrollieren. Dies ist der Rechtfertigung Russlands für die Annexion von Nachbarländern in Osteuropa nach der Sowjetzeit sehr ähnlich – die Tatsache, dass eine beträchtliche Anzahl ethnischer Russen in diesen Gebieten lebte. Auf der Münchner Konferenz von 1938 argumentierte Hitler, dass die Eingliederung des Sudetenlandes in Deutschland eine Voraussetzung für die Vereinigung der Deutschen in der Region und damit für die Sicherung angemessenen Lebensraums sei. Dies, so behauptete Hitler, würde seinem Ziel des Habitats helfen. Als Reaktion darauf praktizierten Frankreich und Großbritannien das, was als Appeasement bekannt ist, und erlaubten Hitler im Wesentlichen, ohne französische oder britische Intervention zu expandieren. Nachdem Hitler das Sudetenland annektiert hatte, wurde der britische Premierminister Neville Chamberlain wegen dieses Ansatzes unter die Lupe genommen, der seiner Meinung nach der Strategie diente - Frankreich und Großbritannien Zeit zu geben, sich zu mobilisieren und sich auf einen militärischen Konflikt vorzubereiten.

Die Münchner Konferenz hat nicht nur die Spannungen zwischen Deutschland und seinen westlichen Gegenstücken abgebaut, sondern auch den Anstoß zu engeren Handelsbeziehungen zwischen der Sowjetunion und Deutschland gegeben. Weder Frankreich noch Großbritannien ersuchten die Sowjetunion um eine Stellungnahme zur deutschen Annexion des Sudetenlandes, die zu mehr Solidarität zwischen Frankreich, Großbritannien und der Sowjetunion geführt hätte, zumindest früh genug, um die deutsche Politik zu beeinflussen. Aber da die Sowjetunion ausgelassen wurde, wahrscheinlich weil der Kommunismus nicht nur von Deutschland, sondern vom Westen als Ganzem gesehen wurde, entschied Stalin, dass, wenn Deutschland Land eroberte, die Sowjetunion aufgrund der westlichen Beschwichtigung gegenüber Deutschland in Ruhe gelassen werden würde. Also beschloss er, einen Plan zur Verbesserung der politischen Beziehungen zu Deutschland zu verfolgen, um eine offene Aggression von Deutschland aus zu verzögern oder sogar abzuschrecken. Als Deutschland begann, Land im Osten zu erwerben, kam Hitler zu dem Schluss, dass es im besten Interesse Deutschlands wäre, sich mit Russland zu verbünden. Diese Annäherung zwischen Deutschland und der Sowjetunion ermöglichte es ihnen, ihre wirtschaftlichen Beziehungen nach Ablauf des Darlehensvertrags von 1936 im Jahr 1938 zu bekräftigen. Der Vertrag ermöglichte es beiden Nationen, ideologisch getrennt, aber wirtschaftlich miteinander verflochten zu operieren. Da die Deutschen ihre Aufrüstungsbewegung durch den Erwerb von Rohstoffen aus der Sowjetunion fortsetzen würden, könnte die Sowjetunion wiederum vom Zugang zu Deutschlands Militärtechnologien profitieren. In den 1920er Jahren stellte die Sowjetunion den Deutschen heimlich Einrichtungen zur Verfügung, damit die Deutschen ihre Waffenentwicklungen in der Sowjetunion bauen und testen konnten, im Austausch dafür, dass die Sowjetunion Zugang zu den Blaupausen für diese Technologien erhielt. Rückblickend hat die westliche Antipathie gegenüber Russland geopolitische Probleme verschärft und mögliche Lösungen eingeschränkt. Wir sehen dies sowohl bei der Münchener Konferenz als auch beim Manhattan-Projekt, wo in beiden Fällen die Vermeidung Russlands die Gefahren verschärfte, die sowohl von der deutschen Kriegsmaschine als auch von der späteren nuklearen Proliferation ausgingen. Dies rechtfertigt tendenziell das Argument, dass das Lernen aus der Geschichte frühere Korrespondenz und Beiträge aus Russland beinhalten könnte, im Gegensatz zu Antagonismus und Provokation.

Die diplomatischen Verhandlungen zwischen Deutschland und den Sowjets in den Jahren 1938 und 1939 verliefen holprig, da beide Nationen ein gewisses Misstrauen aufrechterhielten. Wirtschaftsverhandlungen wurden hauptsächlich von General Friedrich Schulenburg, dem deutschen Botschafter in der Sowjetunion, geführt; Herr Karl Schnurre, Leiter der Osteuropaabteilung des Auswärtigen Amtes; Bundesaußenminister Joachim von Ribbentrop; sowjetischer Geschäftsträger Georgi Astakow; und Wjatscheslaw Molotow, der sowjetische Ministerpräsident. Schulenberg sandte ein Memo an das Auswärtige Amt, in dem er den Plan skizzierte, das Handelsabkommen bis 1939 zu verlängern. Die Verlängerung verschaffte Deutschland weiterhin Zugang zu russischen Rohstoffen. Trotzdem wandten sich die Sowjets auch nach ihrem Ausschluss von der Münchener Konferenz weiter an die Westmächte, was eine Verlängerung des Abkommens über 1939 hinaus wahrscheinlich verhinderte. Als Karl Schnurre im Januar die Osteuropaabteilung des Auswärtigen Amtes leitete 1939 sollte er nach Moskau reisen, um die Zukunft der sowjetisch-deutschen Handelsbeziehungen zu besprechen, doch seine Reise wurde plötzlich abgesagt, was sich negativ auf mögliche kurzfristige Entscheidungen auswirkte. Diplomaten sowohl auf deutscher als auch auf russischer Seite glaubten, dass der andere eine anmaßende politische Agenda habe, und beide Seiten bestanden darauf, dass politische Zugeständnisse gemacht würden, bevor die Wirtschaftsgespräche wieder aufgenommen werden könnten. Die Deutschen standen dem Diskurs der Sowjetunion mit den Westmächten misstrauisch gegenüber. Trotzdem versicherten deutsche Diplomaten der Sowjetunion weiterhin ihre

Der Fall des US-Dollars

Aufrichtigkeit bei der Annäherung und stimmten sogar zu, dafür zu sorgen, dass die antibolschewistische Rhetorik in Deutschland eingestellt würde. Wjatscheslaw Molotow, der sowjetische Ministerpräsident, war besorgt über Deutschlands Motive und wollte, dass Deutschland parallel zu Wirtschaftsgesprächen politische Verhandlungen aufnahm, und deutsche Diplomaten bestanden darauf, das Vertrauen der Sowjets zu gewinnen. Diese kurze ospolitische Maßnahme zur Eindämmung antikommunistischer Rhetorik in Deutschland sollte Molotows politischen Forderungen also genügen. Schulenburg war jedoch besorgt, dass die Sowjets die politischen Vorschläge nutzen könnten, um sowjetische Gespräche mit den Westmächten zu fördern. Dieser zweideutige Aspekt der Sowjetunion behinderte Deutschlands Fähigkeit, das sowjetische Interesse an der Aufrechterhaltung eines Handels- und Wirtschaftsabkommens aufrechtzuerhalten. Trotzdem drängten deutsche Diplomaten die Sowjetunion weiterhin zu einem Wirtschaftsabkommen mit ihnen. Aber die Sowjets bestanden immer noch darauf, politische Stützpunkte zu errichten. Im Juni 1939 traf sich der sowjetische Chargé Astakov mit Herrn Dragonoff, dem bulgarischen Minister, um einen möglichen Nichtangriffspakt mit Deutschland zu besprechen. Das Auswärtige Amt begann, nachdem es über das Treffen informiert worden war, mit der Zusammenstellung der Einzelheiten für den Pakt. Am 24. Juli 1939 kam es zu einem Treffen zwischen Schnurre, dem Beamten des Auswärtigen Amtes, Walther Schmidt, und Astakov und Evgeny Babarin, dem Leiter der sowjetischen Handelsdelegation. Bei dem Treffen schlug Schnurre eine Reihe von Möglichkeiten vor, wie Deutschland und die Sowjetunion ein Abkommen herbeiführen könnten. Erstens, indem er einer formellen Vereinbarung zum Abschluss von Wirtschaftsabkommen Priorität einräumt, was seiner Meinung nach bessere politische Beziehungen fördern würde. Der zweite Weg, sagte Herr Schnurre, wäre die Normalisierung der Beziehungen, die bereits vor dem Treffen im Gange waren, da beide Nationen versuchten, provokative Rhetorik zu stoppen. Der dritte Schritt, betonte Shnurre, sei eine umfassende Anstrengung, um ein sinnvolles politisches Konkordat zu etablieren. Obwohl Schnurre Molotows Bitte zu entsprechen schien und seine Bedenken mit diesen Vorschlägen zerstreute, blieb die Sowjetunion immer noch besorgt über die Annahme des Plans. Die Sowjets entschieden sich standhaft dafür, die Beziehungen sowohl zu Deutschland als auch zu den Westmächten fortzusetzen. Am 28. Juli beschlossen die Sowjets jedoch, Schnurres Plan für ein deutsch-sowjetisches Abkommen zu akzeptieren. Molotow schrieb an den sowjetischen Chargé Astakov: „Die politischen Beziehungen zwischen der UdSSR und Deutschland können sich natürlich verbessern, wenn die Wirtschaftsbeziehungen verbessert werden ... wenn die Deutschen es ernst meinen mit einer Kursänderung und wirklich den Wunsch haben, die politischen Beziehungen zur UdSSR zu verbessern, tun sie es erklären, was diese Verbesserung konkret bedeutet ... wir würden natürlich jede Verbesserung der politischen Beziehungen zwischen den beiden Ländern begrüßen."

Trotz Molotows Erklärung navigierte die Sowjetunion weiterhin diplomatisch zwischen Deutschland und den Westmächten, um die sowjetische Sicherheit gegen einen möglichen deutschen Angriff zu gewährleisten. Aus eben diesem Grunde waren die deutschen Vertreter

Der Fall des US-Dollars

bestrebt, die wirtschaftliche und politische Einigung mit der Sowjetunion zu bestätigen. Hitler hatte bereits seine Angriffspläne auf Polen skizziert und wollte bestätigen, dass die Sowjetunion nicht eingreifen würde. Es war wahrscheinlich, dass der Mangel an Gewissheit auf deutscher Seite auf sowjetische Schwankungen zwischen Deutschland und den Westmächten zurückzuführen war. Dies mag einer der Hauptfaktoren gewesen sein, die dazu führten, dass Hitler 1941 den Nichtangriffspakt brach, weil er glaubte, der Westen würde die Sowjetunion davon überzeugen, gegen Deutschland einzugreifen, weil die Sowjets mit dem Westen korrespondierten. Ein Nichtangriffspakt war Hitler so wichtig, dass er Außenminister von Ribbentrop am 3. August 1939 zu einer Konferenz mit Astakov entsenden würde. Ribbentrop versicherte Astakov bei diesem Treffen, dass Deutschland die Einzelheiten des Paktes erläutern würde, wenn die Sowjetunion dies bestätige seine Absicht, eine Beziehung zu Deutschland aufzubauen. Er behauptete, dass der Pakt nur erfolgreich sein könne, wenn beide Seiten gleichermaßen engagiert seien, und er bestand auch darauf, dass die Sowjetunion die Verbindungen zum Westen abbreche, zusammen mit einem sowjetischen Versprechen, sich nicht in die Angelegenheiten Deutschlands einzumischen. Wieder einmal zögerte die Sowjetregierung, den deutschen Vertretern eine Entscheidung zu übermitteln, und bestätigte dies weiterhin mit den Westmächten. Eine englisch-französische Delegation traf am 10. August 1939 mit der Sowjetregierung zusammen, um die Zukunft der sowjetisch-westlichen Beziehungen zu erörtern. Als die Gespräche wenig bis gar keine Ergebnisse brachten, kehrte die Sowjetunion nach Deutschland zurück und bekräftigte ihren Wunsch, formell einen Pakt mit dem deutschen Staat abzuschließen. Schnurre und Astakov trafen sich mehrmals in Moskau, um die Grundsätze des Vertrags über wirtschaftliche Einigungen darzulegen. Ribbentrop und Molotow würden die Komponenten des Nichtangriffspakts zusammenstellen. Molotov fuhr fort, die Notwendigkeit bestimmter Eventualitäten zum Ausdruck zu bringen, die erfüllt werden müssten, damit der Deal funktioniert. Er glaubte, dass Deutschland und die Sowjetunion ein Handels- und Kreditabkommen, einen Nichtangriffspakt und die Erstellung einer geheimen Akte ratifizieren müssten, die die Interessen und Erwartungen jeder Nation umreißen würde. Am 16. August 1939 erklärte sich Deutschland nach Abschluss eines Wirtschaftsabkommens bereit, einen Nichtangriffspakt zu unterzeichnen. Dann würden Schnurre und Babarin am 19. August in Berlin den wirtschaftlichen Teil des Abkommens unterzeichnen. Das Abkommen verlängerte die durch das Kreditabkommen von 1936 initiierte Handelsbeziehung bis Mitte der 1940er Jahre und erhöhte auch die Menge der zu handelnden Waren exponentiell. Der Vertrag legte die Bedingungen fest, was von beiden Seiten erwartet wurde, Bedingungen, die weitgehend ungleich waren, da von der Sowjetunion erwartet wurde, einen höheren Anteil an Waren zu liefern als Deutschland. Für den Kauf der vereinbarten Waren wurden der Sowjetunion 200 Millionen Reichsmark zugeteilt. Während dieser Kredit zunächst zugunsten der Sowjetunion aussah, diente er lediglich der Begleichung der Sowjetschulden in Höhe von insgesamt 200 Millionen Reichsmark aus dem Kreditvertrag von 1936. Der Vertrag erlaubte der Sowjetunion dennoch, ihre Rohstoffe im Austausch gegen deutsche Maschinen und Waffen nach Deutschland zu handeln, was die Fähigkeiten

Der Fall des US-Dollars

der Roten Armee stärkte und auch dazu beitrug, eine rückläufige sowjetische Industriewirtschaft umzukehren. In diesem Sinne genossen beide Seiten den gegenseitigen Vorteil, ihre jeweiligen Rüstungsindustrien zu verbessern. In anderer Hinsicht profitierten die Deutschen erheblich, da sie veraltete Maschinen gegen lebenswichtige Rohstoffe aus der Sowjetunion eintauschen konnten. Die veraltete Technologie waren oft Waffen, die im Ersten Weltkrieg zusammen mit Kohleexporten verwendet wurden. Außerdem wurden Deutschland 200 Millionen Reichsmark für den Kauf sowjetischer Waren zugeteilt. Das Wirtschaftsabkommen ermöglichte es Deutschland, Materialien zu beschaffen, die Deutschland auf seinem eigenen Boden fehlte, wie Öl, Eisen, Lebensmittel, Holz, Baumwolle und Mangan, die alle zur Entwicklung und Verbesserung der deutschen Industriewirtschaft und Kriegsmaschinerie verwendet wurden. Obwohl Deutschland Industriegüter und Hardware verkaufen musste, behielt es einen Großteil des Vorteils des Geschäfts. Tauschhandel war das primäre Handelsmittel im Rahmen dieses Pakts, da der Wegfall der Notwendigkeit harter Währung einen effizienteren Materialtransfer ermöglichte und es Deutschland ermöglichte, die harte Währung für andere Aspekte des deutschen Remilitarisierungsprogramms zu bestimmen. Trotz der Vorteile, die Deutschland aus diesem Abkommen gezogen hat, drängten deutsche Beamte die Sowjetunion weiterhin auf weitere Zugeständnisse, wie z. Daher fanden zwischen dem 3. Oktober 1939 und Februar 1940 neue Verhandlungen statt. Die Nachwirkungen dieser Treffen führten zu einem Eisenbahnabkommen zwischen Deutschland und der Sowjetunion, das Deutschland die Möglichkeit bot, der britischen Blockade deutscher Waren zu entkommen, und gleichzeitig Deutschland erlaubte, die Menge an Waren zu erhöhen, die es mit der Sowjetunion handeln konnte. Diese neue Regelung verschaffte Deutschland eine größere Versorgung mit Öl, Baumwolle, Phosphaten, Eisen, Platin und Holz. In diesem Abkommen verpflichtete sich die Sowjetunion, andere Materialien und Metalle aus dem Ausland für Deutschland zu kaufen. In dieser Hinsicht trat die Sowjetunion als Drittkäufer für Deutschland auf und verschaffte ihnen dadurch Zugang zu ausländischen Märkten, die Deutschland nicht betreten konnte. Außerdem wurde ein neuer Zahlungsplan vereinbart, der es Deutschland ermöglichte, die Sowjetunion für Lieferungen über einen Zeitraum von 27 Monaten zu bezahlen. Die spätere Zahlung an die Sowjetunion ermöglichte es Deutschland, mehr Geld für die Weiterentwicklung seiner Rüstungstechnologie und Kriegsmaschinerie auszugeben.

Kurz nach der Unterzeichnung des Wirtschaftsabkommens wurde am 23. August 1939 in Moskau der Nichtangriffspakt unterzeichnet. Dieses Abkommen wurde im Gegensatz zum Wirtschaftsabkommen öffentlich beworben, um die Natur der Beziehungen zwischen Deutschland und der Sowjetunion zu zeigen. Der Nichtangriffspakt sollte kein Bündnis sein, sondern nur eine Vereinbarung, in der beide Seiten sich dafür entscheiden würden, neutral zu bleiben, wenn die andere angegriffen würde. Eine solche Maßnahme wurde verwendet, um die Wahrscheinlichkeit eines militärischen Konflikts zwischen der Sowjetunion und Deutschland zu verringern. Der Nichtangriffspakt war auf 25 Jahre angelegt. Ein dritter Aspekt des deutsch-sowjetischen Abkommens war die Ausarbeitung einer geheimen Akte, in der detailliert beschrieben wurde, wie Deutschland und die Sowjetunion ihre jeweiligen Einflusssphären aufteilen würden. Dies stellte eine Pufferzone zwischen Deutschland und der Sowjetunion dar, wodurch die Wahrscheinlichkeit von Feindseligkeiten zwischen den beiden Nationen weiter verringert wurde. Das Geheimprotokoll, wie es genannt wurde, führte zum sowjetischen Einmarsch in Ostpolen und zum deutschen Einmarsch in Westpolen. Die Ratifizierung des Nichtangriffspaktes hinderte Hitler daran, einen Zweifrontenkrieg zu beginnen, da die Einhaltung des Geheimprotokolls das im September 1939 von Deutschland besetzte Gebiet Polens unter die Hoheitsgewalt Deutschlands stellte und das übrige Polen unter die Hoheitsgewalt der Bundesrepublik Deutschland beließ Sowjetunion. Dies würde Stalins Bedenken hinsichtlich einer deutschen Invasion der Sowjetunion zerstreuen und Deutschland gleichzeitig Zugang zu den Rohstoffen der Sowjetunion verschaffen. Hätte Stalin Ende der 1930er-Jahre die Verbindungen zu Deutschland abgebrochen und die Korrespondenz mit den Westmächten aufrechterhalten, hätte die Sowjetunion Deutschland möglicherweise angegriffen, nachdem Deutschland in Polen einmarschiert war, und so die Eskalation während des Zweiten Weltkriegs verhindert. Ein weiterer Faktor im Falle einer sowjetischen Entfremdung Deutschlands wäre ein weit weniger umfangreiches Waffenarsenal in den Händen der deutschen Kriegsmaschinerie, da ein solches Arsenal auf den sowjetischen Export seiner Rohstoffe nach Deutschland angewiesen war. Deutschland wäre nicht in der Lage gewesen, seine Rüstung zu entwickeln oder seine Kriegsanstrengungen aufrechtzuerhalten, ohne Öl aus der Sowjetunion zu importieren, da Flugzeuge, Panzer und andere Komponenten der mechanisierten Kriegsführung eine ausreichende Verfügbarkeit von Öl erfordern. Deutschland war nie autark, wenn es um die Ölförderung ging, da es nur 33 % seines eigenen Bedarfs decken konnte, ganz zu schweigen vom militärischen Bedarf. Ohne sowjetisches Öl könnte die deutsche Armee keinen Blitzkrieg führen oder längere Zeit kämpfen. Daher war der Zugang zu russischem Öl für Deutschlands Existenz militärisch und innenpolitisch von entscheidender Bedeutung. Daran hat sich auch 2022 nichts geändert, denn rund 98 % des in Deutschland verbrauchten Öls werden importiert. 34 % dieser Importe stammen aus Russland.

Das andere wichtige Material, das die Sowjetunion nach Deutschland verschiffte, war Metall in Form von Roheisen, Chrom und Mangan. Diese ermöglichten es Deutschland, einen gehärteten Stahlrahmen für die verschiedenen Waffen und Artillerie zu entwickeln, die es in seinem Arsenal hatte. Vor dem Zweiten Weltkrieg wurden 65 % des deutschen Eisens importiert. Mineralien wie Chrom, Mangan und Stahl wurden normalerweise aus Südafrika bezogen, aber nachdem Großbritannien eine Blockade gebildet hatte, um Deutschland den Zugang zu diesen Mineralien zu verweigern, war Deutschland gezwungen, sich auf Russland zu verlassen. Deutschlands Mangel an Metallen und Eisen machte es zwingend erforderlich, dass Deutschland Handelsabkommen mit der Sowjetunion orchestrierte. Ohne diese wäre Deutschland nicht in der Lage gewesen, bedeutende militärische Operationen durchzuführen. 500.000 Tonnen Eisen, die 1939 von den Sowjets nach Deutschland verschifft wurden, versorgten Deutschland mit genügend Eisenreserven, um sein Militär für die ersten 3½ Jahre des Zweiten Weltkriegs zu versorgen.

Der Fall des US-Dollars

Andere Metallformen wie Mangan fehlten in Deutschland vollständig, da Deutschland fast keine Vorkommen davon enthält. Während des Remilitarisierungsprogramms vor dem Zweiten Weltkrieg importierte Deutschland 100 % des Mangans aus der Sowjetunion. Mangan war für die Deutschen wichtig wegen seiner Fähigkeit, Stahl zu desoxidieren, was es Deutschland ermöglichte, abgenutzte Artillerie zu überarbeiten und ältere Maschinen zu restaurieren, die beide gegen andere Mineralien in die Sowjetunion eingetauscht wurden. Eines der wenigen Metalle, das in Deutschland allgegenwärtig war, war Aluminium, das normalerweise mit anderen importierten Mineralien gemischt wurde, um logistische Geräte wie Flugzeuge herzustellen. Deutschlands Fähigkeit, Ressourcen vollständig zu nutzen, um die wirtschaftliche Lebensfähigkeit zu maximieren, war unübertroffen. Metalle und Öl aus der Sowjetunion machten Deutschland zu dem fortschrittlichen Militärmachtzentrum, das es in den 1930er Jahren geworden war.

Einerseits kann darauf hingewiesen werden, dass die Sowjetunion die deutsche Kriegsmaschine unterstützte und es Deutschland ermöglichte, einen Großteil der westlichen Welt zu unterjochen. Andererseits kann man darauf hinweisen, dass die deutschen Waffenexporte in die Sowjetunion während des Ende der 1930er Jahre geschlossenen Wirtschaftsabkommens der sowjetischen Armee die Möglichkeit gaben, Deutschland im Zweiten Weltkrieg zu besiegen.

Andere Ressourcen, die zur Ermutigung der deutschen Kriegsbewegung beitrugen, waren Lebensmittel und Textilien, die Deutschland autark produzierte. Deutschland konnte im Inland genügend Lebensmittel produzieren, um zu verhindern, dass die Deutschen während des Krieges verhungerten und die Soldaten nicht auf ein Rationierungssystem zurückgreifen mussten. Trotzdem hatte Deutschland versucht, Getreide aus der Sowjetunion zu importieren, um die Lebensmittelversorgung auf dem Vorkriegsniveau zu halten. Die Sowjetunion exportierte 1 Million Tonnen Getreide nach Deutschland und hielt Deutschlands Nahrungsmittelniveau hoch genug, um eine Rationierung zu vermeiden. Die aus der Sowjetunion nach Deutschland exportierten Textilien wie Baumwolle ermöglichten es Deutschland, die Herstellung von Kleidung und Decken aufrechtzuerhalten. Bis 1941 hatten die Sowjets ihren Teil der Abmachung treu eingehalten, und die Deutschen waren zufrieden. Die Sowjetunion war auf Kosten ihrer eigenen Bedürfnisse treu geblieben. Nur einmal, im Jahr 1940, setzten die Sowjets das Wirtschaftsabkommen aus, allerdings wegen einer kurzen Zahlungsunfähigkeit Deutschlands. Deutschland würde die Zahlungen kurz danach wieder aufnehmen.

Die Industriegüter, die Deutschland an die Sowjetunion lieferte, ermöglichten es den Sowjets, ihr Arsenal an militärischer Ausrüstung zu erweitern. Vor 1940 war sich Stalin bewusst, wie schwach das sowjetische Militär im Vergleich zu Deutschland war, und die Sowjetunion stellte zwischen 1936 und 1939 nur sehr wenig ihres Budgets für Verteidigungsausgaben bereit. Stalin wusste, wie wichtig es für die Sowjetunion war, Schritte zu unternehmen die Wahrscheinlichkeit einer deutschen Invasion des Landes verringern. Daher schlossen die Sowjets 1939 und 1940 sowohl ein wirtschaftliches als auch ein militärisches Abkommen mit den Deutschen. Aber trotz der Aufstellung eines mächtigen

Der Fall des US-Dollars

eigenen Militärs durch deutsche Waffenexporte nach Russland würde die Sowjetunion Schwierigkeiten haben, die Kontrolle über die viel kleineren Nationen Polen und Finnland zu erlangen, zwei Nationen, die Russland als in seinem Einflussbereich betrachtete. Die Sowjetunion hielt sich an das geheime Protokoll, das Deutschland und Russland verpflichtete, ihre Einflusssphären in ihren jeweiligen Regionen zu sichern, und marschierte sowohl in Polen als auch in Finnland ein. Die sowjetische Invasion in Ostpolen dauerte Monate im Vergleich zur deutschen Besetzung Polens, die nur etwa 3 Wochen dauerte. Dies bestätigte Stalins Ansicht darüber, wie überlegen die deutschen Streitkräfte im Vergleich zu den sowjetischen waren. Der Mangel an effizienter Kommunikation zwischen den Kommandos der Roten Armee in der Ukraine und Weißrussland erschwerte die sowjetische Mission, Polen zu besetzen. 1939 war das sowjetische Militär noch in Arbeit und es fehlte noch viel Ausrüstung. Stalin bestand jedoch darauf, die Rote Armee für die Teilung Polens zu mobilisieren, aber die Mission würde einen Monat dauern, da schwache Kommunikationswege und unausgebildete Kämpfer den sowjetischen Vormarsch ersticken würden. Trotzdem würde die Rote Armee ihre Offensive fortsetzen und Lettland und Estland erobern, bevor sie nach Finnland zog. Die sowjetische Invasion in Finnland ist der russischen Invasion in der Ukraine im Jahr 2022 in Bezug auf die Schwierigkeit Russlands, eine viel kleinere Nation mit einer viel kleineren Streitmacht zu sichern und die Kontrolle zu übernehmen, auffallend ähnlich. Finnland war einst Teil des Russischen Reiches und Russland betrachtete das Land als Teil seiner Einflusssphäre. Zu diesem Zeitpunkt hatte die Sowjetunion den Wunsch geäußert, Finnland in den Block aufzunehmen. Erstens bot die Sowjetunion an, Finnland diplomatisch zu engagieren, indem sie Finnland aufforderte, ihnen Zugang zu ihren Ressourcen und Häfen zu gewähren. Aber als der finnische Präsident sich weigerte, befürchtete Stalin, dass die Finnen bereits mobilisiert waren, um gegen die Rote Armee zu kämpfen, was Stalin dazu veranlasste, am 30. November 1939 einen umfassenden Präventivangriff auf Finnland auf dem See-, Luft- und Bodenweg zu starten Angegriffen von der weit überlegenen Roten Armee, die der gesamten finnischen Bevölkerung zahlenmäßig überlegen war, konnten die Finnen der Roten Armee widerstehen und für einige Zeit die Kontrolle über ihr Heimatgebiet behalten. Stalin glaubte, er könne die finnische Armee zerstreuen, indem er Finnland von mehreren Seiten angriff. Die finnischen Truppen waren jedoch entlang der Grenze verstreut und schnitten den sowjetischen Zugang zu ankommenden Waffenverstärkungen ab, was die Rote Armee daran hinderte, sich eine vorteilhafte Position gegen die Finnen zu sichern. Dies verlängerte den Krieg, weil die Finnen anfangs zuversichtlich waren, dass sie gewinnen könnten, aber nach einigen Monaten erkannte das finnische Kommando, dass sie nicht ewig kämpfen konnten. Nachdem sie die Alliierten wiederholt um militärische Hilfe gebeten hatten, wurden die Finnen allein gelassen, da die Alliierten sich weigerten, Hilfe zu bringen. Der Krieg erreichte eine Pattsituation. Der finnische Widerstand brach schließlich inmitten der zunehmenden Truppen der Roten Armee zusammen, und die Rote Armee übernahm schließlich die Kontrolle über das Land. Im März 1940 unterzeichneten die Finnen den Moskauer Friedensvertrag, der der Sowjetunion im Austausch dafür, dass Finnland seine Souveränität behalten konnte, Zugang zu finnischen Häfen und Stützpunkten gewährte. Nachdem das sowjetische Militär Polen und Finnland relativ schnell nicht besetzen konnte, erhöhte es seine Verteidigungsausgaben und die Militarisierung in rasender Geschwindigkeit. Dann, im Juni 1940, zielten sie auf Rumänien, insbesondere auf Bessarabien und die nördliche Bukowina. Unter dem Geheimprotokoll erkannten die Deutschen das sowjetische Interesse an Bessarabien an, das unter sowjetische Besatzung geriet, nachdem die Sowjetunion Rumänien ein Ultimatum gestellt hatte, entweder die rumänische Militär- und Zivilverwaltung aus Bessarabien und dem nördlichen Teil der Bukowina zu evakuieren oder sich einer sowjetischen Invasion zu unterwerfen dem Land gegenüberzutreten. Auf Anraten deutscher Diplomaten würde die rumänische Regierung den sowjetischen Forderungen nachgeben und Bessarabien und die nördliche Bukowina an die Sowjetunion abtreten. Bundesaußenminister Joachim von Ribbentrop äußerte sich besorgt darüber, wie sich ein militärischer Konflikt auf das Schicksal der 100.000 in Bessarabien lebenden Volksdeutschen auswirken würde. Ribbentrop räumte auch ein, dass das sowjetische Interesse an der Bukowina nicht Teil des Geheimprotokolls sei. Somit ist klar, dass dieser sowjetische Eingriff, verbunden mit Deutschlands Besorgnis über die in Bessarabien lebenden Volksdeutschen, den Deutschen die Rechtfertigung gab, den Nichtangriffspakt mit der Sowjetunion zu brechen. Hitler erklärte später in einem Gespräch mit dem finnischen Feldmarschall Carl Mannerheim, dass Deutschland der Sowjetunion nicht erlauben könne, die Ölquellen in Rumänien zu beschlagnahmen, und stellte fest, dass es ohne sie keine Möglichkeit für die deutsche Armee geben würde, ihr gepanzertes Arsenal zu erhalten. Flugzeuge und verschiedene andere Artillerie. Hitler glaubte, dass Russland versucht hätte, ganz Rumänien zu erobern und die Erdölquellen zu annektieren, eine Aussicht, die Deutschlands Kriegsanstrengungen zum Scheitern gebracht hätte. In diesem Gespräch fragt sich Hitler auch, wie die russische Arbeitskraft zu Beginn des Krieges 35.000 Panzer anhäufen konnte. Offizielle Schätzungen der Zahl der sowjetischen Panzer lagen bei rund 26.000. Dennoch war klar, dass die Sowjets jeden möglichen Vorteil aus dem Wirtschaftsabkommen von 1939 mit Deutschland zogen. Russlands Arbeitskräfte erwiesen sich als außergewöhnlich darin, die von den Deutschen importierten Maschinen schnell zu nutzen. Die Fabriken, die Ende der 1930er Jahre in der Sowjetunion mit Hilfe der Deutschen gebaut wurden, produzierten dank russischer Arbeiter innerhalb von zwei Jahren Tausende von Panzern in Serie. Hier ist die Niederschrift von Hitlers Gespräch mit Carl Mannerheim über Russlands militärische Stärke und den raschen Aufbau von Waffenarsenalen. Das kommt von http://www.feldgrau.ne:

Unbekannt (Hitler?): "...eine sehr große Gefahr, vielleicht die ernsteste..."

Hitler: "(unverständlich) ... wir selbst waren uns nicht ganz sicher, wie ungeheuerlich diese mächtige Bewaffnung war."

Mannerheim: „Das hatten wir im Winterkrieg nicht geahnt, das hatten wir im Winterkrieg nicht geahnt, natürlich hatten wir eins (ein unverständliches Wort), dass sie gut bewaffnet waren, aber wie sie eigentlich waren, und jetzt da Es ist kein Zweifel mehr, was sie geplant hatten ("was sie in ihrem Schild hatten")"

Hitler: „Es ist offensichtlich ... offensichtlich. Sie haben die monströseste Bewaffnung, die man sich vorstellen kann ("menschlich vorstellbar") ... na ja ... wenn mir jemand gesagt hätte, dass ein Staat ... (Schritte) ... wenn mir jemand gesagt hätte, dass ein Staat 35.000 Panzer (Hitler verwendet das Wort 'Panzer'), ich hatte gesagt 'du bist verrückt geworden'...

Unbekannt: "Fünfunddreißig..."

Hitler: „35.000 Panzer (jetzt benutzt er das Wort ‚Panzer') ... wir haben mehr als, wir haben dann mehr als 34 Pan ... tausend zerstörte Panzer. Wenn mir das jemand gesagt hätte ... hätte gesagt: Sie ... wenn mir ein General erklärt hätte, dass ein Staat hier 35.000 Panzer hat, hätte ich gesagt, Herr ('My Lord'), Sie sehen alles zweimal ... oder zehnfach, das ist verrückt, du siehst Gespenster ... Das hätte ich nicht für möglich gehalten ... wenn mir das jemand gesagt hätte ... Ich habe das gerade gesagt, wir haben Industrieanlagen gefunden ... so eine in (unverständlich: Kalanuskaja?) zum Beispiel, das war vor zwei Jahren im Bau ... und wir hatten keine Ahnung ... und heute gibt es eine Panzerproduktionsstätte, die ... die ... etwas mehr als 30.000 hätte beschäftigen sollen Arbeiter in der ersten Schicht und mehr als 60.000 Arbeiter in voller Entwicklung ... eine einzige Tankproduktionsanlage ... wir haben sie besetzt ... eine gigantische Anlage ... viele Arbeiter, die immer noch wie Tiere und so leben ..."

Unbekannt: "Eine erstaunliche Region ..."

Ein weiterer Unbekannter (Hitler?): "Eine erstaunliche Region..."

Mannerheim: "Wenn man bedenkt, dass sie 20 Jahre ... mehr als 20 Jahre ... fast 25 Jahre Freiheit hatten, sich zu bewaffnen ... und alles, alles für Rüstungen ausgegeben haben ... nur Rüstungen ..."

Hitler: "Darf ich Ihnen sagen ... (ein paar unverständliche Worte) ... Herr Präsident, ich habe nicht geahnt, dass, wenn ich das gewusst hätte, mein Herz noch schwerer gewesen wäre ... aber ich hatte das gemacht Entscheidung umso mehr ... weil es keine andere Möglichkeit gab. Schon im Winter 39/40 war mir klar, dass der (Angriff auf die Sowjetunion?) kommen musste. Aber ich hatte den alptraumhaften Druck des Westens auf mich, denn ein Zweifrontenkrieg wäre das Ende gewesen... auch wir wären zermalmt worden, das sehen wir heute besser als damals...wir wären zermalmt worden...unser ganzes...ursprünglich wollte ich den Westfeldzug im Herbst 1939 zu machen ... Ich wollte den Westfeldzug durchführen, nur dass wir die ganze Zeit schlechtes Wetter hatten, das hat uns daran gehindert Unsere ganze Bewaffnung war ... es ist Schönwetterbewaffnung, Es ist sehr leistungsfähig, es ist gut, aber leider eine Schönwetterbewaffnung. Tatsächlich haben wir es hier kürzlich in diesem Krieg gesehen, natürlich sind alle unsere Waffen im westlichen Stil ("geschneidert"). Und wir alle beli eved ... das war bis jetzt (murmelt) ... es war nur unsere Meinung, von frühester Zeit an ... im Winter kann man keinen Krieg führen. Und wir haben ... die deutschen Panzer ... die deutschen Panzer wurden nicht auf die Probe gestellt, um sie vielleicht für den Winterkrieg vorzubereiten, sondern es wurden Testläufe gemacht, um zu beweisen, dass man im Winter keinen Krieg führen kann. Es war eine andere Ausgangslage. Im Herbst 1939 standen wir vor der Frage ... und ich brannte immer noch darauf, anzugreifen ... Ich war überzeugt, dass wir Frankreich innerhalb von sechs Wochen erledigen könnten ... aber die Frage war, ob wir uns bewegen sollten ... und es war Dauerregenwetter... und da ich diese französische Region sehr gut kenne... und auch ich konnte nicht anders, als vielen meiner Generäle zuzustimmen, dass wir wahrscheinlich nicht den Elan ("Elan") erreichen würden, den wir nicht könnten die Panzerkraft voll auszulasten, die wir wegen des Regens auch nicht voll auslasten könnten, die Luftwaffe mit den vorderen Flugplätzen ... Ich kannte Nordfrankreich selbst, ich war vier Jahre Soldat im Ersten Weltkrieg ... und das war der Grund für diese Verzögerung. Wenn ich Frankreich 39 beendet hätte, wäre die Weltgeschichte anders verlaufen, aber so musste ich bis 1940 warten ... und das war nicht bis Mai ... Der 10. Mai war der erste Messetag und ich habe sofort zugeschlagen 10. Mai. Ich habe am 8. Mai den Befehl gegeben, am 10. Mai anzugreifen und ... dann musste es sein ... diese riesige Verschiebung unserer Divisionen von West nach Ost musste stattfinden ... (unverständlich: die ersten Besetzungen in ..?) dann hatten wir diese Aufgabe in Norwegen ... gleichzeitig ... gleichzeitig kann ich sagen, dass uns heute dieses wirklich große Unglück überkam, nämlich die Schwächen, die für Italien entstanden waren, erstens die Nordafrikanische Situation, zweitens die Situation in Albanien und Griechenland, ein sehr ernstes Unglück. Wir mussten jetzt helfen. Für uns bedeutete dies, dass unsere Luftwaffe wieder auseinandergerissen, unsere Panzerverbände wieder aufgelöst würden ... während wir unsere Panzerverbände für den Osten vorbereiteten, mussten wir zwei Divisionen auf einen Schlag einsetzen ... zwei komplette Divisionen, am Ende waren es drei ... und mussten dort sehr große Verluste wieder auffüllen ... es waren blutige Schlachten, die in der Wüste ausgefochten wurden ... all das fehlte natürlich hier im Osten. .. und ... es war nicht anders denkbar als die Entscheidung, die unvermeidlich war. Ich hatte damals ein Gespräch mit Molotov und es war absolut offensichtlich ... Molotov ging mit der Entscheidung, den Krieg zu beginnen, und ich entließ ihn mit der Entscheidung, ihm nach Möglichkeit zuvorzukommen ... weil die Forderungen, die dieser Mann stellte, offensichtlich waren darauf abzielt, Europa endgültig zu beherrschen ... (der nächste Satz ist geflüstert und weitgehend unverständlich, so etwas wie "Ich muss leugnen, dass [...] ist geradezu lächerlich [...]") ... Schon in ... in ...im Herbst 1940 stellte sich uns immer wieder die Frage: Soll man... äh... eine Trennung wagen? ... Ich habe damals der finnischen Regierung geraten, ... äh ... zu verhandeln und ... äh ... Zeit zu gewinnen, um ... äh ... äh ... die Dinge scherzhaft zu umgehen" - I muss zugeben, dass mir das Wort „divertorical" noch nie begegnet ist, aber es scheint vom lateinischen „divertere" (ablenken, ähnlich wie englisch „divert") abzustammen, weil ich schon immer eine Befürchtung hatte: das im Spätherbst würde Rußland plötzlich Rumänien angreifen und die Ölquellen annektieren ... und es wäre bis zum Spätherbst 1940 nicht fertig gewesen. Wenn Rußland die rumänischen Ölquellen beschlagnahmt hätte, wäre Deutschland verloren gewesen ... (unverständlich a Wort oder

Der Fall des US-Dollars

zwei, irgendetwas mit 'notwendig'?) ... mit ... mit, mit 60 russischen Divisionen hätte man das arrangieren können; Damals hatten wir in Rumänien noch keine Task Force, die rumänische Regierung rückt näher uns in letzter Zeit ... und was wir hatten, wäre in der Tat lächerlich gewesen. Alles, was Sie tun mussten, war, die Ölquellen zu beschlagnahmen, ich hätte keinen Krieg mit unseren Waffen im September oder Oktober beginnen können r, das war in der Tat unmöglich ... wir hatten den Einsatz unserer Truppen im Osten in keiner Weise vorbereitet, im Westen mussten erst die Einheiten konsolidiert, die Rüstung in Ordnung gebracht werden ... denn natürlich hatten auch wir im Westfeldzug unsere Opfer gebracht. Vor dem Frühjahr 1941 wäre die Errichtung unmöglich gewesen, und wenn die Russen jetzt, im Herbst 1940, Rumänien besetzt und die Ölquellen annektiert hätten, dann wären wir ... äh ... hilflos gewesen 1941 ... Wir hatten ... die große deutsche Produktion, aber die Menge, die die Luftwaffe allein verbraucht, die Menge, die unsere Panzerdivisionen verbrauchen, das ist etwas ganz Unerhörtes. Es ist ein ... ein ... ein Konsum jenseits aller Vorstellungskraft. Und ohne den Zufluss von vier bis fünf Millionen Tonnen rumänischen Öls könnten wir den Krieg nicht führen ... (Unverständlich, ein paar Worte, einige von ihnen 'verlassen'?) ... Und das machte mir große Sorgen, daher meine Versuch, diese Zeit durch Verhandlungen zu überwinden, bis wir stark genug waren, diesen Erpressungsforderungen entgegenzutreten ... die Forderungen waren reine Erpressung, sie waren Erpressung, die Russen wussten, dass wir hilflos waren, dass wir im Westen gebunden waren, sie konnten erpressen nichts von uns ... und nur bei Molotows Besuch ... dann erklärte ich ihnen beiläufig, dass wir die Forderungen nicht akzeptieren könnten ... all diese Forderungen ... Im Grunde wurden die Verhandlungen ... abrupt beendet ... (a ein paar unverständliche Worte) ... es gab vier Punkte, einen Punkt, der Finnland betraf ... war die Freiheit, sich vor der finnischen Bedrohung zu schützen ... Ich sagte: „Sie wollen mir nicht sagen, dass Finnland Sie bedroht? ... Er sagte, naja, in Finnland würde man gegen die Freunde der Sowjetunion vorgehen ... das wäre eine Gesellschaft ... sie würden ständig verfolgt, und eine Großmacht könne es nicht hinnehmen, von einer bedroht zu werden Kleinstaat gegen seine eigene Existenz.' Ich sagte: „Sie ... Ihre Existenz wird nicht von Finnland bedroht, oder? Wollen Sie mir nicht sagen, dass Finnland Ihre Existenz bedroht?' (Im Hintergrund sagt jemand: ‚Lächerlich.') Nun, es wäre auch eine moralische Bedrohung für die Existenz eines großen Staates, und was Finnland tut, wäre eine noch größere Bedrohung für seine moralische Existenz ... Und ich sagte ihm, dass wir einen weiteren Krieg an der Ostsee nicht als passive Zuschauer hinnehmen könnten. Dann fragte er mich, wie wir gegenüber Rumänien stehen würden, schließlich hätten wir eine Garantie gegeben... ob sich diese Garantie auch gegen Russland richten würde... Ich sagte: "Ich glaube nicht, dass sie gegen Sie gerichtet ist, weil Sie es tun 't do that Sie beabsichtigen, Rumänien anzugreifen, nicht wahr? Sagen Sie mir ... wir haben nie gehört, dass Sie die Absicht haben, Rumänien anzugreifen, Sie haben immer gesagt, dass Bessarabien Ihnen gehört, aber Sie haben nie gesagt, dass Sie es wollten Rumänien anzugreifen.' Er sagte, er wolle es genau wissen..."

(Ende der Audioaufnahme)

Der Fall des US-Dollars

Bis heute ist die Abhängigkeit vom ausländischen Öl die tragende Säule der deutschen Wirtschaft. Vielleicht nur eine abschreckende Aussicht, sollte Deutschland versuchen, sich vom Sicherheitsschirm der Nordatlantikpakt-Organisation (NATO) zu lösen und seine geopolitische Unabhängigkeit von vor 1945 wieder zu behaupten. Als Mitglied der NATO hatte Deutschland den Luxus, weniger von seinem Budget für militärische Zwecke auszugeben, was Deutschland den Status als viertgrößte Volkswirtschaft der Welt verschaffte, der nur von Japan, China und den Vereinigten Staaten übertroffen wurde. Nach Deutschlands Niederlage im Zweiten Weltkrieg wurde das Land von sowjetischen und US-Streitkräften besetzt. Einige Ideen, was mit Deutschland passieren soll, werden sofort diskutiert. Es wurde vorgeschlagen, Deutschland in kleinere Staaten aufzuteilen, um zu verhindern, dass es seine Nachbarn erneut bedroht. Andere glaubten, es wäre vorteilhafter, wenn Deutschland eine starke Wirtschaft behalten und gleichzeitig Teil eines vereinten Europas sein würde. Deutschland war erst seit 1871 ein souveräner Nationalstaat, nicht zuletzt dank der militärischen Macht Preußens. Außerdem schlugen die Vereinigten Staaten vor, Deutschland in drei Sektoren aufzuteilen, die alle auf die Landwirtschaft und nicht auf die Schwerindustrie ausgerichtet waren. Dieser Plan wurde 1944 von US-Finanzminister Henry Morgenthau angeboten. Präsident Herbert Hoover war jedoch mehr besorgt über die humanitären Auswirkungen einer Gefährdung der Fähigkeit Deutschlands, seine aus dem Osten ankommenden Bürger und Flüchtlinge zu unterstützen. Ein Großteil von Hoovers Besorgnis rührte von der Hungersnot her, die der bolschewistischen Revolution während und nach dem Ersten Weltkrieg Platz machte. Hoover wollte keine Wiederholung eines solchen Szenarios nach dem Zweiten Weltkrieg, und er glaubte auch, dass das Verhungern der Deutschen sie nur dazu zwingen würde, hineinzudriften der sowjetischen Einflusssphäre und nehmen kommunistische Ideologien an. Darüber hinaus war die Hauptkomponente, die die Alliierten aus Deutschland beseitigen wollten, Militarismus und Nazismus. Vor dem Zweiten Weltkrieg konnte die deutsche Wirtschaft als eine Form des organisierten Kapitalismus angesehen werden, in dem große Unternehmen von großen Vorstandsmitgliedern geführt wurden, die sich zusammenschlossen, um die Gewinne zu steigern und jede ankommende Konkurrenz zu zerschlagen. Deutschland war dafür bekannt, seine großen Unternehmen wie den Waffenhersteller Krupp und den Chemiekonzern IG Farben zu schützen, die beide erheblich von der NS-Waffenindustrie profitierten. Die Alliierten betrachteten diesen Konsortialaspekt der deutschen Wirtschaft als kartellähnlich. Deshalb bestanden die Alliierten darauf, diesen Zusammenschluss privater Wirtschaftsmacht aufzubrechen und Deutschland zu entmilitarisieren. Die Alliierten glaubten, dass die Rüstungsbewegung in Deutschland weitgehend durch den Einfluss eines wohlhabenden Konsortiums privater Geschäftsinhaber unterstützt und unterstützt wurde. Zudem wollten die Alliierten nicht nur eine Entmilitarisierung und Entflechtung Deutschlands erreichen, die zentrale Kernintention war die Entnazifizierung des Landes. Diese Entnazifizierung zielte darauf ab, alle Nazis und Sympathisanten aus allen Bereichen des deutschen Lebens, einschließlich Politik und Regierung, zu entfernen. (Wir sehen, wie der russische Präsident Wladimir Putin dieses Nachkriegsszenario nutzt, um seine Invasion in der Ukraine im Jahr 2022 zu rechtfertigen, die er als Versuch bezeichnete, die Regierung des Landes zu entnazifizieren.) Außerdem wurde von den Verbündeten vereinbart, dass Deutschland Reparationen zahlen muss, und zwar an Frankreich und die Sowjetunion .

Der Fall des US-Dollars

Kapitel 6: Deutschlands Wirtschaftswunder

1945 beschlossen die Alliierten, Deutschland zu teilen. Im Süden lag die US-Besatzungszone. Die britische Besatzungszone lag im Westen und Norden. Im Süden und Westen lag die französische Besatzungszone. Und die sowjetische Besatzungszone lag im zentralen Teil Deutschlands. Der östliche Teil wurde von Polen kontrolliert, wo die Sowjets im selben Jahr eine pro-sowjetische Regierung einsetzten. Technisch gesehen würde der östliche und mittlere Teil Deutschlands also unter kommunistischen Einfluss geraten. Diese Aufteilung Deutschlands in 4 Zonen wurde 1945 auf der Potsdamer Konferenz bestätigt. Auch die Gebiete, die vor und während des Zweiten Weltkriegs von den Nazis annektiert und erobert wurden, wurden effektiv an die Nationen abgetreten, die das Gebiet ursprünglich an die Deutschen abgetreten hatten. Deutschland unter Adolf Hitler überfiel und annektierte Österreich, die Tschechoslowakei, Belgien, Frankreich, Italien, Luxemburg, Polen und Jugoslawien. Die Alliierten erklärten sich bereit, die deutschen Gebiete östlich der Oder-Neiße-Linie abzutrennen und sie unter die Kontrolle der polnischen und sowjetischen Verwaltung zu stellen. Dies geschah, um die Polen für einige der östlichen Teile Polens zu entschädigen, die an die Sowjetunion verloren gingen, als die Sowjetunion 1939 Ostpolen annektierte. Diese östlichen Gebiete östlich der Oder-Neiße-Linie würden nicht länger als Verbündete anerkannt. besetztes Gebiet. Der Rest des besiegten Deutschlands würde gemeinsam von US-amerikanischen, britischen, französischen und sowjetischen Streitkräften regiert. Berlin an und für sich würde die gleiche 4-Wege-Spaltung unter den alliierten Mächten erfahren. Trotz dieser Kooperationsbemühungen würde die unterschiedliche Wirtschaftspolitik, die für die von den USA, Großbritannien und Frankreich kontrollierten Gebiete und für die von der Sowjetunion kontrollierten Gebiete verfolgt wurde, Deutschland letztendlich in zwei Staaten - Ost- und Westdeutschland - spalten und den Kalten Krieg auslösen. Die von Frankreich, Großbritannien und den USA kontrollierten Gebiete versuchten, einen Rahmen für Privatunternehmen und eine demokratisch etablierte Regierung zu schaffen. Die Sowjetzone hingegen wollte eine Einparteienherrschaft und eine staatlich kontrollierte Industrie errichten. Diese Unfähigkeit, Gemeinsamkeiten zu finden, erreichte einen Wendepunkt, als die von Frankreich, Großbritannien und den USA kontrollierten Gebiete, die als Trizone bekannt wurden, am 19. Juni 1948 beschlossen, eine neue Währung namens Deutsche Mark (Westdeutsche Mark) herauszugeben. als Ersatz für die noch in ganz Deutschland gültige Reichsmark. Die D-Mark kursierte jedoch schnell in ganz Berlin und wurde dort zur Standardwährung. Die Sowjetzone reagierte in gleicher Weise mit der Vergabe der sogenannten DDR-Marke kurz darauf, am 23. Juni 1948. Bereits am nächsten Tag blockierten die Sowjets den Zugang der Bundesrepublik Deutschland nach Berlin und weigerten sich, die Blockade bis zu den nicht-sowjetischen Zonen aufzuheben erklärte sich bereit, die DDR-Mark als gesetzliches Zahlungsmittel für ganz Deutschland zu akzeptieren. Der Zugang nach Berlin per Schiene, Straße und Wasser war bis Mai 1949 gesperrt. Die Westsektoren umgingen die Blockade jedoch, indem sie Flugzeuge einsetzten, um Nachschub in ihre jeweiligen Zonen in Berlin zu bringen. Das Fiasko führte zur formellen Gründung von 2 unabhängigen Staaten in

Der Fall des US-Dollars

Deutschland.

Die Ausarbeitung einer Verfassung für den westdeutschen Staat begann 1948 mit der Zusage der Westalliierten, die Regierungsgewalt an die Deutschen zurückzugeben. Im Juli 1948 gaben die Westalliierten die Frankfurter Urkunden heraus, die eine von den Deutschen selbst zu erstellende Aufstellung von Eckdaten für die Verfassungsentwicklung forderten. Der Rahmen sollte eine starke Demokratie umfassen, die Raum für zentralisierte Autorität und Grundrechte lässt. Es wurde klargestellt, dass diese Formulierung nicht die vollständige Souveränität Westdeutschlands von der alliierten Kontrolle impliziert, insbesondere in Bezug auf Außenpolitik, Handel und nationale Notfälle. Die Parameter versuchten, an die Grundüberzeugungen der meisten politischen Gruppierungen in der damaligen Bundesrepublik Deutschland, nämlich der Sozialdemokraten und der Christdemokraten, zu appellieren. Die Sozialdemokraten wollten einen stärker zentralisierten Staat, während die Christdemokraten darauf bestanden, Einfluss auf kulturelle und Bildungsangelegenheiten zu behalten. Ein großer Teil Westdeutschlands war der festen Überzeugung, dass die Kirche in den Staat integriert werden sollte, während der Einzelne die Freiheit haben sollte, seinen Glauben zu wählen. Dieser Versuch, einen offiziellen westdeutschen Staat zu entwickeln, bekräftigte die Realität der Teilung Deutschlands, betraf jedoch nicht die westdeutschen Bürger, da diese Verfassung als "Grundgesetz" bezeichnet wurde und ihr eine vorübergehende Laufzeit gab. Dieses „Grundgesetz" wurde in 2 Phasen entwickelt. In der ersten Phase trafen sich Beamte der 11 Landesregierungen im alten Schloss Herrenchiemsee in Bayern, um einen Verfassungsentwurf zu diskutieren und zu entwickeln, die rechtlichen Rahmenbedingungen festzulegen und die Grenzen zwischen Länder- und Bundeskompetenzen zu ziehen. Die zweite Phase war die Einrichtung eines Parlamentarischen Rates, dessen Mitglieder von den Landesregierungen ernannt wurden. Der Parlamentarische Rat bestand aus Vertretern der großen politischen Parteien, die alle von den Landesregierungen ernannt und nach einer strengen Entnazifizierungsprüfung von den Alliierten kontrolliert wurden. Der Rat bestand aus 70 Delegierten; 5 davon waren nicht stimmberechtigt und wurden mit der Ausarbeitung des neuen westdeutschen „Grundgesetzes" beauftragt. Am 23. Mai 1949 verkündete der Parlamentarische Rat offiziell die Bildung der Bundesrepublik Deutschland (BRD) mit der Bestimmung der Stadt Bonn als provisorische Hauptstadt. Diese neue Republik wurde von einer gesetzgebenden Versammlung namens Bundestag regiert, die als mächtigstes Verfassungsorgan dienen sollte und im Rahmen der im „Grundgesetz" definierten Grundrechte und Grundprinzipien der Menschenwürde handelte. Zur Durchsetzung dieses Erfordernisses hat der Parlamentarische Rat den Verfassungsgerichtshof eingerichtet, der Beschwerden deutscher Bürger gegen den Staat prüft. Unter dem „Grundgesetz" wurden die Befugnisse des Bundespräsidenten durch den Bundestag eingeschränkt und erleichtert. Viele Rechte sahen in dieser Einschränkung der Befugnisse des Präsidenten eine Bestätigung dafür, dass Deutschland von der Sorge um die eigene Sicherheit im Innen- und Außenverhältnis abgeschnitten sei. Einige wetterten sogar gegen die Idee eines Systems, das die Exekutivgewalt aufgibt und sie politischen Parteien

Der Fall des US-Dollars

übergibt.

Am 14. August 1949 hielt Westdeutschland seine ersten Wahlen ab, an denen fast 15 politische Parteien teilnahmen. Die Christdemokraten und die Freien Demokraten schmiedeten ein Bündnis und würden als Sieger hervorgehen, da Konrad Adenauer zum Bundeskanzler und Theodor Heuss von der FDP zum ersten Bundespräsidenten der Bundesrepublik Deutschland gewählt werden würde. Gemeinsam mit Wirtschaftsminister Ludwig Erhard würden alle drei Deutschland auf den Kurs des wirtschaftlichen Aufschwungs mit sozialer Marktwirtschaft bringen. Das Geschäft blieb in den Händen des Privatsektors, während der Markt Preise und Löhne festlegen durfte. Unmittelbar vor der Gründung der Bundesrepublik Deutschland führte die neue Währung, die Deutsche Mark (Westdeutsche Mark), ausgegeben von der Trizone, zu einem Anstieg der Arbeitslosigkeit, da die D-Mark zunächst die Arbeitskosten erhöhte und die Arbeitgeber dazu veranlasste, ihre Stellen zu verkleinern Personal und Löhne, um die Kosten niedrig zu halten. Mit der Marshal Aid, die Deutschland von den USA bereitgestellt wurde, wurde die D-Mark jedoch gestärkt und legitimiert, was ausländischen Investitionen Tür und Tor öffnete. Ein weiterer Faktor, der dieses Wirtschaftswunder kultivierte, war die Tatsache, dass die Gewinne stiegen, während die Löhne niedrig blieben. Zu dieser Zeit waren viele der ankommenden Flüchtlinge, die aus Ostdeutschland nach Westdeutschland zogen, sowohl gebildet als auch hochqualifiziert, und dieser Zustrom hatte die Nachfrage nach Arbeitskräften höher gehalten als das Stellenangebot. Dies wird der Tatsache zugeschrieben, dass ein Großteil der kommunistischen Elemente in Westdeutschland unterdrückt wurde und diejenigen, die den Marxismus förderten, sowohl von der Arbeit als auch von der Gesellschaft als Ganzes gemieden wurden, wodurch die Militanz am Arbeitsplatz auf ein Minimum beschränkt wurde. Gewerkschaften, die von den Nazis zerschlagen wurden, blieben auch beim Wiederaufbau nach dem Zweiten Weltkrieg verhalten. Ein weiteres Element ist, dass es in Deutschland damals für Unternehmen einfach war, Exilanten auszubeuten, die ebenfalls hochqualifiziert und gebildet waren. Alles in allem sind billige, aber hochqualifizierte und gut ausgebildete Arbeitskräfte wahrscheinlich der Hauptauslöser des westdeutschen Wirtschaftswunders. Als die westdeutsche Wirtschaft in den 1950er Jahren weiter expandierte, folgte die Nachfrage. Nachdem sie einen Krieg und die Zerstörung ihres Landes miterlebt hatten, waren die Deutschen begierig darauf, Waren zu konsumieren und zu erwerben, die sie seit der Zeit vor dem Krieg nicht mehr hatten. Von Möbeln über Kleidung bis hin zu Autos und Fernsehern wurde alles von der westdeutschen Bevölkerung konsumiert, deren Lebensstandard erheblich zu steigen begann. Einige der Faktoren, die die Wirtschaft möglicherweise am weiteren Wachstum gehindert haben, waren die Entnazifizierungsbemühungen, die häufig dazu führten, dass den Arbeitskräften hochmoderne technische Fähigkeiten entzogen wurden.

Es wurde entdeckt, dass der Wirtschaftsboom der 1950er Jahre eine Nebenwirkung der Vernachlässigung älterer und behinderter Menschen hatte. Während der gesamten Regierungszeit der ersten Bundesrepublik wurden Renten- und Lebensversicherungsfragen weitgehend ignoriert, da der Krieg einen Großteil der privaten Renten- und

Der Fall des US-Dollars

Lebensversicherungsfonds verschlungen hatte. Die Rentenpolitik der BRD war sehr ineffektiv und die Christdemokraten hatten nicht die Dringlichkeit, Reformen durchzuführen. Folglich würden die Sozialdemokraten versuchen, das Beispiel der Regierungsuntätigkeit bei der Rentenreform aufzugreifen und dies bei den Wahlen zu ihrem Vorteil zu nutzen. Dieser Schritt veranlasste Adenauer, 1957 ein Rentenreformgesetz durchzusetzen, das Rentnern, Arbeitslosen und Behinderten 60% ihres durchschnittlichen Jahreseinkommens, bereinigt um das Währungslohnniveau, zukommen ließ, um den Wohnstandard für Rentner, Behinderte und Rentner zu gewährleisten Erwerbslose würden die der übrigen Bevölkerung in Westdeutschland nicht unterschreiten. Als Ergebnis dieser Aktion von Adenauer würden die Christdemokraten die Wahlen von 1957 gewinnen. Und Ende der 1950er Jahre war Westdeutschland durch diese Verschmelzung von marktwirtschaftlicher Politik mit sozialdemokratischen Werten zu einem Wohlfahrtsstaat geworden.

Ostdeutschland würde auf die Gründung der Bundesrepublik Deutschland schnell mit der Gründung der Deutschen Demokratischen Republik (DDR) reagieren. Ähnlich wie Westdeutschland die Bundesrepublik Deutschland gegründet hat, um dem wirtschaftlichen Hintergrund und den Werten des freien Marktes des Westens zu dienen und sich an ihn anzulehnen, hat Ostdeutschland die Deutsche Demokratische Republik gegründet, um die kommunistischen Volkswirtschaften des Ostens zu integrieren. Das sowjetische Wirtschaftssystem war dem westlichen System insofern entgegengesetzt, als das sowjetische kommunistische System eher auf Befehl als auf Marktkontrolle basierte. So würden die sowjetischen Besatzer der ostdeutschen Gebiete antikommunistische Elemente und Menschen von der Macht entfernen und sie durch prosowjetische, prokommunistische Deutsche ersetzen. Der Staat würde von einer Partei dominiert werden, der Sozialistischen Einheitspartei, die sich aus deutschen Kommunisten zusammensetzte, die versuchen würden, die Regierungsstruktur der Sowjetunion nachzuahmen. Die DDR verstaatlichte Banken und Großkonzerne, eine Bodenreform ... alles mit dem Ziel, die Bildung wirtschaftlicher Klassenspaltungen zu ersticken. Die Kommunisten in der DDR rechtfertigten die Einführung des Kommunismus in Deutschland oft damit, dass die Begründer des Kommunismus, Karl Marx und Friedrich Engels, beide Deutsche waren. Viele der deutschen Kommunisten waren während der Hitler-Herrschaft von der NSDAP verbannt worden, und nicht wenige von ihnen wurden in Konzentrationslager geschickt. Nach dem Zweiten Weltkrieg kehrten sie in die DDR zurück, um beim Wiederaufbau zu helfen. Viele von ihnen hatten weder Erfahrung in der öffentlichen Verwaltung oder Kommunalplanung noch Kenntnisse in der Machtausübung. Die deutschen Kommunisten waren von einem Idealismus motiviert, was Deutschland werden sollte, und innerhalb dieser Hoffnung hatten sie keinen konkreten Plan, wie dieses Ideal verwirklicht werden sollte. Viele ihrer Aktionen basierten auf westlichen Bewegungen. Trotzdem hatten die meisten Deutschen keine Ambitionen, einen eigenen Staat zu gründen. Als die Deutsche Demokratische Republik zusammen mit der Proklamation ihres Aufbaus als sozialistischer Staat ausgerufen wurde, sagten einige Kritiker voraus, dass der Versuch vergeblich sein würde und

Der Fall des US-Dollars

die DDR nur wenige Monate überleben würde, bevor sie zusammenbrechen würde. Zahlreiche Versuche wurden unternommen, um die neu gegründete Republik zu sabotieren. Während ihres gesamten Bestehens wurde die DDR von endlosen Versuchen überschattet, ihre Wirtschaft und Gesetzgebungsverfahren zu untergraben. Der wirtschaftliche Aufschwung in Westdeutschland wurde ständig propagiert, um die Unterlegenheit des DDR-Sozialismusversuchs zu untermauern. Die zunehmende Zahl von Deutschen, die wegen besserer Gehälter aus Ostdeutschland nach Westdeutschland flohen, erstickte die Ziele der DDR, und viele Ostdeutsche nutzten die Verfügbarkeit von Arbeitsplätzen in Westdeutschland, um Forderungen nach höheren Gehältern in Ostdeutschland zu stellen. Deshalb wurde 1961 die Berliner Mauer gebaut - um die Auswanderung von Ostdeutschen nach Westdeutschland zu verhindern. Ein weiterer Faktor, der es der BRD ermöglichte, das Wirtschaftswachstum der DDR zu untergraben, war sowohl die wirtschaftliche Expansion Westdeutschlands als auch die Tatsache, dass dort eingewanderte Ostdeutsche automatisch als Bürger der BRD galten. Sie würden alle notwendigen Unterlagen erhalten und einen einfachen Weg finden, sich ein Zuhause und einen Job zu sichern. Viele dieser Migranten aus der DDR in die BRD waren Angestellte – Ärzte, Zahnärzte und Ingenieure. So schränkte die Abwanderung qualifizierter Arbeitskräfte aus der DDR deren Fähigkeit zur Förderung des Wirtschaftswachstums ein. In den ersten 20 Jahren ihres Bestehens hatte die DDR zunehmend Schwierigkeiten, diplomatische Beziehungen zu Ländern außerhalb des kommunistischen Einflussbereichs aufzunehmen und aufrechtzuerhalten, da die Bundesrepublik großen Druck auf Staaten ausübte, die die DDR anerkennen oder diplomatische Beziehungen aufnehmen wollten mit ihnen. Die Haltung der BRD blieb bei ihrer Weigerung, Beziehungen zu Staaten aufzunehmen, die eine Anknüpfung an die DDR versuchen würden. Ägypten, das von der Bundesrepublik Deutschland unterstützt wurde, war jedoch das erste nichtkommunistische Land, das die Deutsche Demokratische Republik anerkannte. Dies war sicherlich zum Entsetzen der BRD, und als der DDR-Ministerpräsident nach der Anerkennung Ägypten besuchen wollte, sperrten einige westliche Staaten ihren Luftraum und untersagten Flüge nach Ägypten über ihr Hoheitsgebiet. Infolgedessen war der Premierminister gezwungen, über Jugoslawien oder mit dem Boot dorthin zu gelangen. Dies ist ein Beispiel dafür, wie Kleinlichkeit während des Kalten Krieges entstehen konnte. Diese Spannungen erschwerten es der DDR zunehmend, Handelsbeziehungen zu westdeutschen Unternehmen aufrechtzuerhalten, die unter zunehmendem Druck standen, sich vom sozialistisch-kommunistischen Staat zu lösen. Ostdeutschland war wirtschaftlich von diesen Handelsverbindungen abhängig, und die abrupte Beendigung von Verträgen erstickte die Fähigkeit Ostdeutschlands, sich vom Zweiten Weltkrieg zu erholen. Die Abschottung Ostdeutschlands unterscheidet sich von der Abschottung Osteuropas dadurch, dass Deutschland selbst auf Rohstoffimporte angewiesen ist, während osteuropäische Länder wie Russland auf eine Vielzahl von Rohstoffen angewiesen sind und dadurch weniger abhängig vom Erwerb von Mineralien aus anderen Ländern sind. Ohne eine angemessene Lieferkette für Rohstoffe war der Versuch Ostdeutschlands, seine Fertigungsindustrie aufzubauen, weitgehend fehlerhaft. Weitere Schwierigkeiten für die DDR ergaben sich, als die BRD 1951 ein Stahlembargo verhängte und den Handel zwischen Westdeutschland und Ostdeutschland verbot. Dies würde sich als verheerend erweisen, da eines der wichtigsten Materialien, die Deutschland im Überfluss hatte, daran gehindert wurde, Ostdeutschland zu erreichen. Dieses Material war Holzkohle.

Die DDR hatte seit Beginn der Nachkriegszeit zahlreiche Anstrengungen unternommen, um den Anschein von Frieden, Harmonie und Koexistenz aufrechtzuerhalten. Auch nach der Gründung der DDR forderte Stalin den Abschluss eines Staatsvertrages mit der Bundesrepublik – ein Plan, den Bundeskanzler Adenauer ablehnte, da die BRD die Anerkennung der DDR verweigerte. Sobald klar wurde, dass die Vereinigten Staaten Westdeutschland remilitarisieren und in die NATO integrieren würden, würde sich die Dynamik der Ost-West-Beziehungen erheblich verändern. 1955 schuf die BRD die Bundeswehr, die als offizielle Streitkräfte Westdeutschlands dienen sollte. 1956 errichtete die DDR die Volksarmee als offizielle Streitkräfte der DDR. Zu diesem Zeitpunkt war Stalins Politik der friedlichen Vereinigung von Ost- und Westdeutschland vom Tisch.

Der DDR wird zugeschrieben, eine egalitärere Gesellschaft ohne Klassenprivilegien aufrechterhalten zu können, die im Vorkriegsdeutschland eine Voraussetzung gewesen war, als die oberen Schichten der Gesellschaft von den wohlhabenderen Mittelschichten dominiert wurden. Im Vorkriegsdeutschland waren Frauen weitgehend auf Hausarbeit und Niedriglohnbeschäftigung beschränkt. Die DDR wollte das ändern, denn der Kommunismus ist die beste der besten Ideologien, wenn es um die Gleichstellung der Geschlechter geht. Die DDR unternahm Schritte, um der Klassen- und Geschlechtertrennung entgegenzuwirken, indem sie ein gleiches Entgeltsystem sicherstellte, in dem höhere Positionen nicht wesentlich mehr bezahlt wurden als niedrigere Positionen. Dieser Aspekt des Kommunismus wurde von Befürwortern des freien Marktes kritisiert, die glauben, dass ein solches Arrangement Innovation und Anstrengung abschreckt, weil das Ergebnis oder die Belohnung Bildung, Fähigkeiten und Output weniger Aufmerksamkeit schenkt als der westliche Kapitalismus. Dennoch forcierte die DDR diese Form der Gleichberechtigung weiter, was dazu führte, dass die DDR damals die egalitärste Gesellschaft in Europa wurde. Sogar Wohngebäude in Bezug auf die architektonische Qualität beherbergten eine Mischung von Arbeitern, mit wenig Unterschied im Lebensstandard zwischen Arbeitern der unteren Ebene und Arbeitern der oberen Ebene. Dies trug dazu bei, die Möglichkeit zu verringern, die Klassenspannungen heraufzubeschwören, die typischerweise in westlichen Gesellschaften auftreten. Schließlich lockten die Soziale Marktwirtschaft und die höheren Löhne in Westdeutschland oft Spitzenkräfte aus der DDR an. Bei der Mehrheit der Gesellschaft würde jedoch ein gewisses Vertrauen überwiegen, ein Vertrauen in das Sicherheitsgefühl, das die Wirtschaftsstruktur der Deutschen Demokratischen Republik bietet. Dadurch war die Angst vor Arbeitslosigkeit, Obdachlosigkeit, fehlendem Zugang zu Gesundheits- und Sozialdiensten weitgehend verschwunden und es für einen in Ostdeutschland lebenden Menschen fast unmöglich geworden, sich dem sozialen Netz zu entziehen. Beschäftigung und Wohnraum waren ebenso gewährleistet wie Gesundheitsfürsorge und andere Dienstleistungen. Der Haken an der Beseitigung der Angst, die sich aus der Möglichkeit ergab, verschiedene Formen von Elend zu erleben, bestand darin, dass die Menschen mehr Zeit hatten, ihre Energie sozialen und spirituellen Beschäftigungen zu widmen, was manchmal den Staat beunruhigte. Aber insgesamt fühlten sich die Begabteren verpflichtet, die Lücken der weniger Begabten zu füllen und gleichzeitig der gesamten Einheit, was auch immer es sein mag – der Klasse, dem Arbeitsumfeld, der Gruppe – zu ermöglichen, sich an der Leistung zu erfreuen. Im Gegensatz zur westkapitalistischen Perspektive ging es der sozialistischen Perspektive in Ostdeutschland weniger um das Individuum als um das Wohl der Gesellschaft. Infolgedessen war die soziale Integration viel stärker in die ostdeutsche Gesellschaft und ihren Kommunismus sowjetischer Prägung eingebettet. Es gab keine Geschlechterdiskriminierung, die Menschen hatten nicht das Gefühl, miteinander konkurrieren zu müssen. Das Alte wurde nicht gegen das Junge ausgespielt. Dies war ganz anders als in kapitalistischen Ländern, in denen Demografien, die einen komparativen Vorteil in einem bestimmten Unterfangen aufweisen, zum Schaden des Gerechtigkeitsempfindens der Gesellschaft ausgenutzt werden können.

Ein weiterer positiver Aspekt des ostdeutschen Kommunismus war, dass die Gemeinschaften viel sicherer waren, da Armut und Isolation unterdrückt wurden, indem die meisten Menschen sich für das, was um sie herum geschah, verantwortlich fühlten. Daher hatten die in der DDR lebenden Menschen gegenüber ihren eigenen Gemeinden wenig zu befürchten. Die Menschen konnten bis in die späten Stunden draußen bleiben, ohne befürchten zu müssen, belästigt oder gemobbt zu werden. Und wenn diese Dinge passieren würden, wären sie sehr seltene Ereignisse. Werbung in der DDR war auch keine Ausbeutung der Frau, und die ganze Gemeinschaft war für Kinder verantwortlich, nicht nur die einzelne Familie. Es war üblich, dass Nachbarn ein konzertiertes Interesse am Wohlergehen des Kindes zeigten, und aus diesem Grund wurden Dinge wie Geisteskrankheiten und antisoziales Verhalten seltener, da sich die meisten Kinder in dieser Art von Gesellschaft umsorgt fühlten. Die architektonische Struktur der Wohngebiete in Deutschland, sowohl im Osten als auch im Westen, bestand aus Wohnblöcken, aber in der DDR gehörten diese Wohnungen der gesamten Gemeinde oder Genossenschaften, und die Bewohner, die in diesen Wohnungen lebten, bestanden aus einer großen Anzahl von Arbeitern, von Handwerkern über Lehrer und Ausbilder bis hin zu akademischen Professoren, die alle Seite an Seite leben. Daher war die Lebenssituation nicht ausschlaggebend für den eigenen Wert für die Gesellschaft. Die Verantwortung für die Instandhaltung der Wohnräume und der umliegenden Gemeinschaftsbereiche lag auf allen Schultern, und die Bewohner wechselten sich oft mit verschiedenen Aufgaben ab, von der Rasenpflege bis zur Schneeräumung, und die erhaltene Entschädigung wurde in einem gemeinsamen Fonds gehalten, der mit Geldern aus Recycling ergänzt wurde, eine gängige Praxis in die DDR. Und vieles davon nicht nur der Umwelt zuliebe; Das lag auch maßgeblich daran, dass Rohstoffe in Deutschland knapp waren und man schonen musste, was man zur Hand hatte. Darüber hinaus kam diese Praxis der späteren Klimawandelbewegung entgegen, indem sie sie erweiterte, um die

Dringlichkeit der globalen Erwärmung und die Notwendigkeit, sich für umweltfreundliche Praktiken einzusetzen, zu fördern. In Ostdeutschland war das Recycling sehr einfach, da man zu einer Recyclingstation gehen und Gegenstände gegen Entschädigung eintauschen konnte, was oft mehr Menschen zum Recycling motivierte. Wohnungsorganisationen würden sich auch an der Recyclingbewegung beteiligen und das im Gemeinschaftsfonds angesammelte Geld verwenden, um die Wohnungsgemeinschaft zu verbessern, indem sie Räume für verschiedene Beschäftigungen wie Hobbys, Lager oder Partys bauen. In manchen Fällen zahlten Wohnungsbaugesellschaften einen Prozentsatz der Bestände des Gemeinschaftsfonds an jeden Mieter aus.

Die Rechte der Frau wurden in der DDR-Verfassung von 1949 verankert und sollten verhindern, dass die Ehe die Rechte der Frauen auf lokale und nationale Teilhabe an der Gesellschaft untergräbt. Das Frauenrechtsgesetz garantiert Müttern finanzielle Unterstützung und verbietet es Arbeitgebern, einer Frau wegen Schwangerschaft zu kündigen. Das Gesetz gewährte alleinerziehenden und verheirateten Müttern gleiche Bürgerrechte und ordnete den Bau von Einrichtungen für Kinder, Einrichtungen wie Kindergärten und Kinderkrippen an. Diese Unterkünfte ermöglichen es Frauen, verschiedenen Berufen nachzugehen und gleichzeitig finanzielle Unabhängigkeit zu erlangen. Frauen in der DDR machten daher im Vergleich zu Frauen im Westen ein selbstbewussteres Bild. In der DDR war der Versuch des Mannes, die beruflichen Ambitionen seiner Frau zu behindern, ein Scheidungsgrund, anders als in der BRD, wo Männer Alleineigentümer der Immobilie waren und verheiratete Frauen nur arbeiten durften, wenn sie die Erlaubnis ihres Mannes hatten. In der DDR konnten Frauen mit Kindern Vollzeit arbeiten. In der BRD konnten sie nur Teilzeit arbeiten. In der DDR gab es Programme, die speziell auf die Förderung von Frauen abzielten. Tatsächlich waren die meisten modernen feministischen Forderungen in westlichen Gesellschaften bereits in den kommunistischen Rahmen eingebettet. In Ostdeutschland war Abtreibung legal und Geburtenkontrolle allgegenwärtig. Der Mutterschaftsurlaub war großzügig mit 90 % des Gehalts der Frau und sobald das Baby geboren war, bekam die Familie 1000 Mark.

Auch der Sozialismus in der DDR wurde seinem Anspruch gerecht, ein prototypisches System zu sein, das die Rechte der Arbeitnehmer in den Mittelpunkt stellte. Tatsächlich standen die Rechte der Arbeiter in Ostdeutschland ganz oben auf der Prioritätenliste des sozialistischen Staates, da das Kommunistische Manifest, geschrieben von Marx und Engles, auf der Befreiung der Arbeiter vom ausbeuterischen kapitalistischen System basierte. Im Kommunismus sollte das Proletariat die Säule der Gesellschaft sein, und die Arbeit selbst wurde als höchste Ehre hochgehalten, unabhängig davon, was die Berufung war, ob es sich um einen niedriger bezahlten oder einen höher bezahlten Job handelte. All dies wurde als eine Notwendigkeit für das weitere Funktionieren der Gesellschaft angesehen. In der DDR beispielsweise galten Arbeiter als Motor der Gesellschaft, weil sie die Güter und Dienstleistungen produzierten, die die Gesellschaft brauchte. Unter dem Kommunismus in Ostdeutschland wurden Arbeiter in Bergwerken und Stahlwerken, die ihre Gesundheit und Sicherheit riskierten, mit besseren Gehältern und Gesundheitsleistungen entschädigt als Arbeiter, die weniger gefährliche

Der Fall des US-Dollars

Arbeit verrichteten. Arbeit wurde in der DDR zum Geburtsrecht des Menschen; Auch Menschen mit kriminellem Hintergrund konnten im sozialistischen System eine Beschäftigung finden. Es war allumfassend, und die Arbeitgeber hatten die Aufgabe, allen, sogar den Behinderten, Selbstachtung zu erziehen und zu vermitteln. Die Arbeitsplatzsicherheit, die der Sozialismus garantierte, machte die Arbeitswelt entspannter und die Manager weniger autoritär. Dies steht im Gegensatz zu vielen Arbeitsplätzen in westlichen Gesellschaften, wo Kündigungsdrohungen oder Beschimpfungen eingesetzt werden, um die Leistung zu steigern. In der DDR hingegen musste man schwere Verbrechen begehen, um seinen Arbeitsplatz zu verlieren. Bei dieser Delinquenz handelte es sich um ein staatsfeindliches Verhalten, das ebenfalls sehr ernst genommen wurde, und die Vergeltung war oft die Entlassung oder Herabstufung. Auch wenn es darum ging, Beschwerden am Arbeitsplatz vorzubringen, hatten die Mitarbeiter einen erheblichen Vorteil, weil sie dadurch nicht Gefahr liefen, ihren Arbeitsplatz zu verlieren. So konnten Mitarbeiter ohne großen Aufwand auf Dinge hinweisen, die ihrer Meinung nach am Arbeitsplatz geändert werden sollten. Dies förderte ein Umfeld, das offen für Veränderungen und Verbesserungen sowie Arbeitszufriedenheit war. Gelegentlich kam es zu Streiks, insbesondere wenn Veränderungen die Belegschaft verärgerten. Aber das kam nicht oft vor, und es wurden alle Anstrengungen unternommen, um zu verhindern, dass die Stimmung in der Arbeiterklasse diesen Punkt erreicht. Es war auch so, dass jemandem, der entlassen wurde, fast sofort eine andere Stelle angeboten wurde. Der Nachteil dieses Systems ist, dass es an sich kein Befürworter des Müßiggangs war. Wer konnte, musste arbeiten, und die DDR hatte kein Arbeitslosengeldsystem. Die Arbeit war der Mittelpunkt des Lebens und die Mitarbeiter wurden in die Kernthemen des Unternehmens eingebunden. Gewerkschaften wurden unter staatlicher Aufsicht gegründet und sorgten durch die Bereitstellung sozialer Dienste für das kontinuierliche Wohlergehen der Arbeitnehmer. Arbeitgeber waren gesetzlich dafür verantwortlich sicherzustellen, dass ihre Arbeitnehmer Zugang zu grundlegenden Programmen des sozialen Sicherheitsnetzes wie Kinderbetreuung, Gesundheitsfürsorge, Wohnraum und andere Unterkünfte hatten. Viele Arbeitsplätze verfügten über medizinische Einrichtungen vor Ort, was den rechtzeitigen Zugang zu medizinischer Versorgung für kranke Arbeitnehmer erleichterte und das Sterblichkeitsrisiko durch späte Diagnose unheilbarer Krankheiten verringerte. Obwohl Wohnraum in der DDR knapp war, halfen die Arbeitgeber den Arbeitern bei der Wohnungssuche, und großen Unternehmen wurden oft mehrere Wohneinheiten zugewiesen, um ihren Arbeitern in Not Wohnraum zu bieten. Einige Betriebe wurden auch mit Kinderbetreuungseinrichtungen wie Kindergärten und Kinderkrippen ausgestattet, um Mitarbeitern mit Kindern zu helfen. Der Arbeitsplatz stellte seinen Arbeitern auch Mahlzeiten und Freizeiteinrichtungen zur Verfügung.

Da die DDR nicht über den finanziellen Rückhalt verfügte, über den die Bundesrepublik Deutschland mit dem Marshallplan verfügte, bestand ihre einzige Entwicklungsoption in der Umsetzung einer von zentraler staatlicher Aufsicht getragenen Kommandowirtschaft. Das bot der Sozialismus, und die Fünfjahrespläne der Regierung für die Wirtschaft trugen dazu bei, die Schwerindustrie in der DDR zu initiieren. Werften, Gas- und Eisenwerke, eine neue Ölraffinerie zeugen von DDR-Version des wirtschaftlichen Fortschritts. Obwohl die DDR nicht auf dem gleichen wirtschaftlichen Wachstumsniveau wie die BRD war, erreichte sie dennoch die Selbstversorgung und hatte eine der erfolgreichsten Volkswirtschaften unter den sozialistischen Ländern. Industrien, die sich um Maschinen drehten, beschäftigten eine Million Menschen in Ostdeutschland, und diese Industrien bestanden aus hochqualifizierten Maschinenbausektoren, und ähnlich wie das Vorkriegsdeutschland war die DDR zu einer führenden Industrienation und einem wichtigen Exporteur von hochwertigen Maschinen in die osteuropäischen Länder geworden. Ein Großteil des relativen Erfolgs der DDR gegenüber anderen Ostblockstaaten wird dem öffentlichen Eigentum an der Industrie und dem zentralisierten Planungsprozess des Staates zugeschrieben. Über 90 % des Vermögens in der DDR befanden sich in öffentlichem Eigentum. Aber auch als sozialistische Gesellschaft gelang es dem Staat, Raum für Privateigentum zu schaffen, an dem der Staat am Unternehmen beteiligt wäre. In der DDR gab es einen privaten Sektor, aber er war relativ klein. In Bezug auf den Beitrag zum BIP war es jedoch ziemlich bedeutend, da die 176.800 privaten Unternehmer in der DDR eine Leistung erwirtschafteten, die 2,8 % des BIP ausmachte. Der Privatsektor bestand aus Künstlern, Schriftstellern, Handwerkern, Einzelhändlern und Bauern.

Die Gewinne der öffentlichen Unternehmen wurden nach den Bedürfnissen der Gesellschaft verteilt und zu einem großen Teil in die Wirtschaft reinvestiert. In den 1960er Jahren verschmolzen einige der oben genannten privaten Einzelunternehmen mit der öffentlichen Hand in sogenannten VVB. Gemeinsam würden sie an Forschung und Entwicklung arbeiten, um den Sektor als Ganzes voranzubringen. In dieser Hinsicht würde der zentrale Planungsaspekt des Sozialismus versuchen, einige Aspekte der Privatisierung so zu übernehmen und zu integrieren, dass die Gesellschaft davon profitiert, ohne die sozialistische Struktur zu untergraben. Ähnlich wie in der Kommandowirtschaft in der Sowjetunion würde der Staat die Produktionsziele festlegen, aber die VVB würde den Finanzierungsbedarf des Unternehmens bestimmen. Wenn die Ziele erreicht würden, würden Prämien verteilt, und solche Aussichten würden dazu beitragen, die Arbeitnehmer dazu anzuregen, effizienter zu werden.

Die DDR-Führung stand bei der Umsetzung ihrer Wirtschaftspolitik vor einem Rätsel. Um das Glück des Proletariats sicherzustellen, indem die Verfügbarkeit von Waren und Dienstleistungen sichergestellt und Sozialprogramme angeboten wurden, die andere Faktoren kompensieren, die die Produktivität beeinträchtigen könnten, stellte Ostdeutschland fest, dass das Produktivitätsniveau in Ostdeutschland nicht ausreichte, um diese Waren und Dienstleistungen zu bezahlen. Dadurch wurde die DDR finanziell von der BRD abhängig, was zu einer erhöhten Kreditaufnahme und weniger inländischen Reinvestitionen führte. Die DDR hoffte, dass der technologische Fortschritt dieses Rätsel lösen würde, und investierte daher große Summen in Innovationsgruppen. Die Staatsausgaben entsprachen nicht ihrer Leistung, und viele Ökonomen in der ostdeutschen Regierung befürchteten eine Schuldenkrise aufgrund der zunehmenden Abhängigkeit vom Westen. Doch die SED ignorierte diese Sorge, auch vor dem Hintergrund, dass keines der Länder der westlichen Welt die DDR-

Der Fall des US-Dollars

Währung, die DDR-Mark, als Gegenleistung für ihre Produkte akzeptieren würde. Ein Großteil des Westens wollte harte Währung. Daher musste die DDR versuchen, harte Währungen zu finden, um diese Nachfrage zu befriedigen. So begann die DDR 1971 nach dem Ospolitik-Abkommen mit der Unterzeichnung des Moskauer Vertrages durch die BRD und die DDR, der die Anwendung militärischer Gewalt zwischen Ost- und Westdeutschland untersagte, Westler zu Reisen in die DDR zu ermutigen, aber die Der Haken war, dass sie DDR-Mark im Verhältnis 1:1 kaufte, was bedeutete, dass 1 DDR-Mark einer Einheit harter westlicher Währung entsprach. Diese wurde eingerichtet, um dem Staat mehr Einnahmen zu verschaffen und es den Westlern zu ermöglichen, die DDR in gewisser Weise zu subventionieren. Besucher kamen in die DDR, um ihre Familie zu besuchen, und brachten oft Geschenke mit, darunter auch harte Währung aus dem Westen. Die DDR war sich dessen bewusst und eröffnete Läden, die beliebte westliche Waren zu höheren Preisen verkauften. Sie weiteten auch ihre Kredite bei der BRD aus und nutzten die Freilassung politischer Gefangener für westliche Kredite. DDR und BRD begannen, direkt miteinander über den Verkauf von Waren zu verhandeln. All diese Dinge haben wohl den drohenden Finanzkollaps der DDR abgeschreckt. Der Preis für Ostdeutschland war, dass es sich viel Geld von Westdeutschland leihen würde, einem Land, das es lange Zeit als seinen Hauptfeind angesehen hatte. Der Rohstoffmangel würde auch die ostdeutsche Wirtschaft treffen. Ganz zu schweigen von der Wohnungsfrage. In Ostdeutschland wurden nur 5 % des Einkommens der Arbeitnehmer an die Miete weitergegeben, sodass der Wohnungsbaugesellschaft kein Überschuss für Investitionen in die Reparatur und Verbesserung von Immobilien blieb. Der Stundungsbeschluss der DDR führte dazu, dass zahlreiche Gebäude an Wert und baulicher Substanz verloren. Der Weiterbetrieb von Kohlekraftwerken führte zu Umweltproblemen wie Luft- und Wasserverschmutzung. Außerdem konnten keine aktualisierten Geräte gekauft werden, sodass die Arbeiter auf veraltete Geräte angewiesen waren und viel Zeit für deren Reparatur aufwenden mussten, was die Produktivität und die Qualität der Waren beeinträchtigte. Auch der Lebensstandard der älteren Bevölkerung in der DDR sank. Alles in allem war ein Großteil der historischen Ressourcenknappheit Deutschlands dazu gekommen, die Bemühungen Ostdeutschlands um Selbstversorgung zu ersticken, ein langjähriges, aber schwer fassbares Ziel des deutschen Staates. Die wachsende Verschuldung der DDR gegenüber dem Westen schränkte die politischen Ziele der DDR ein. Die zunehmende wirtschaftliche Abhängigkeit von der BRD behinderte die Fähigkeit der DDR, abweichende Meinungen im eigenen Land zu unterdrücken, da Menschenrechtsverletzungen dazu führen könnten, dass die BRD ihre Finanzhilfen für das Land kürzte. Dies würde bedeuten, dass die DDR keine Politik der Erschießung von Auswanderungswilligen mehr nach Westdeutschland betreiben würde.

Die Spannungen zwischen der Sowjetunion und der DDR nahmen zu, als die Sowjetunion begann, neue Kunden für ihre Ölexporte zu finden. Nach dem Ölembargo von 1973, in dem sich die OPEC weigerte, Öl an Nationen zu verkaufen, die Israel während des Jom-Kippur-Krieges unterstützten, erhielt die Sowjetunion die Gelegenheit, einen lukrativen Energiehandel mit dem Westen aufzubauen. Aufgrund eigener finanzieller

Der Fall des US-Dollars

Probleme begann die Sowjetunion, ihre Ölexporte in die DDR zu kürzen und in die BRD zu erhöhen. Und dies lag wahrscheinlich an der geringen Qualität der von der DDR hergestellten Waren aus den zuvor genannten Gründen, wie z. Diese Verringerung der Energieexporte aus der Sowjetunion hatte negative systemische Auswirkungen auf Ostdeutschland, und ostdeutsche Beamte äußerten gegenüber der Sowjetunion Bedenken, dass weniger Öl die ostdeutsche Wirtschaft untergraben und ihr Land destabilisieren würde. Dennoch blieb die Sowjetunion unnachgiebig bei der Reduzierung der Ölexporte in die DDR, was zu erhöhten Spannungen und weiteren Reduzierungen führte, und aufgrund dieser Faktoren war die DDR stärker auf finanzielle Hilfe aus dem Westen angewiesen. Dies war ein weiteres Rätsel. Obwohl die Sowjetunion ihren Ölhandel mit dem Westen ausweitete, bestand sie dennoch darauf, dass Ostdeutschland seine Korrespondenz mit Westdeutschland einschränkte. Als Erich Honecker, Generalsekretär der SED, an einem Gipfeltreffen mit dem Bundeskanzler der BRD teilnehmen wollte, verbot die Sowjetunion das Treffen. Aus wirtschaftlicher Sicht war die DDR gezwungen, sich stärker an den Westen anzulehnen, weil die Sowjetunion zwar eine Beschränkung ihrer Exporte in die DDR beschloss, gleichzeitig aber versuchte, die DDR an einem weiteren Ausbau ihrer Beziehungen zur BRD zu hindern. Die Vereinigten Staaten waren aufgrund des anhaltenden Kalten Krieges immer noch auf dem Radar der Sowjetunion. Als die Nordatlantikpakt-Organisation (NATO) 1955 ihren westlichen Militärblock auf Westdeutschland ausdehnte, verfolgte die Sowjetunion einen ähnlichen Kurs, indem sie einen eigenen östlichen Militärblock namens Warschauer Pakt gründete und Ostdeutschland in das Bündnis integrierte.

Die Spannungen zwischen der Sowjetunion und der DDR ließen vorübergehend nach, als Michail Gorbatschow 1985 ihr Generalsekretär wurde. Zunächst versuchte Michail Gorbatschow, pro-westliche Reformen in der Sowjetunion durchzusetzen, und übernahm dabei sogar einige Prinzipien der freien Marktwirtschaft, um die Sowjetunion wiederzubeleben Die schrumpfende Wirtschaft der Sowjetunion. Er betrachtete den ostdeutschen Kommunismus auch als Modell für die Volkswirtschaften Osteuropas. Trotz der finanziellen Probleme der DDR stellte Gorbatschow fest, wie viel effizienter sie war als andere sozialistische Länder in Osteuropa. Die Sowjetunion unter Gorbatschow würde jedoch bald die Öl- und Rohstofflieferungen an Ostdeutschland kürzen, und Ostdeutschland würde reagieren, indem es sich Gorbatschows Reformen widersetzte. Eine solche Reform von Gorbatschow war Glasnost, die den Bürgern in der Sowjetunion im Wesentlichen das Recht auf freie Meinungsäußerung gab. Ostdeutschland befürchtete, dass dies auf Ostdeutschland übergreifen würde, und 1988 verstärkte die dortige Regierung die Unterdrückung der Meinungsfreiheit. Sie verbannten auch die sowjetische Zeitschrift Sputnik aus der DDR. Diese Maßnahmen stießen nicht nur in der breiten Öffentlichkeit auf Ablehnung, sondern auch bei Mitgliedern der SED, die die Sowjetunion lange Zeit als Grundlage ihrer Existenz und auch als Vorbild für die DDR angesehen hatten. Der Generalsekretär der SED, Erich Honecker, kam auf einer pro-sowjetischen Plattform an die Macht, sodass weder die Öffentlichkeit noch seine Wähler seine plötzliche antisowjetische Haltung verstanden. Ein Großteil

Der Fall des US-Dollars

Ostdeutschlands hatte Gorbatschows Bereitschaft, Veränderungen zu fordern, eingekauft, aber das Gleiche konnte man von Honecker nicht sagen. Honecker war auch besorgt über Gorbatschows Vorstoß, den Vasallenstaaten der Sowjetunion „Wahlfreiheit" aufzuerlegen, was einen Ansatz der Zurückhaltung implizierte, eine abstoßende Aussicht für Nationalstaaten wie Ostdeutschland, die militärisch von der Sowjetunion abhängig waren. Dennoch begrüßten einige in der Socialist Unity Party diese Idee der politischen Freiheit, weil sie ihnen mehr Flexibilität geben würde. Ein weiteres Dilemma würde entstehen. Da die Tatsache der militärischen Abhängigkeit von der Sowjetunion es der DDR leicht machte, sich an einen Standard zu halten, der ihr kommunistisches Paradigma nur verstärkte, diente die von Gorbatschow propagierte Idee der Nichteinmischung nur dazu, die DDR weiter in den westlichen Einflussbereich zu drängen. da die DDR finanziell von der BRD und dem Westen abhängig war. Viele in der SED begannen mit dem Diskurs über die Möglichkeit eines vereinten Deutschlands. Und natürlich war Honecker ziemlich besorgt über diese Aussicht. Es überrascht nicht, dass der Dissens, der sich in den 1980er Jahren in ganz Ostdeutschland gebildet hatte und nun von einer wachsenden Zahl einfacher Bürger praktiziert wurde, als Ergebnis von Gorbatschows milder Doktrin für Osteuropa den Boden für die ostdeutsche Revolution von 1989 bereitete In den 1980er Jahren wurden Millionen von Petitionen von einfachen Bürgern an die DDR geschickt, die das Recht forderten, das Land zu verlassen, und 1989 verabschiedete die DDR ein neues Auswanderungsgesetz, das sich an die Helsinki-Abkommen hielt – ein Vertrag von 1975 zwischen dem Ostblock und den westlichen Staaten Menschenrechte und Grundfreiheiten zu vereinbaren - und gleichzeitig die Abwanderung aus der DDR einzudämmen. Trotz der Bemühungen beantragten Tausende DDR-Bürger die Ausreise aus der DDR. Gorbatschows Abschaffung der Breschnew-Doktrin, die die sowjetische Intervention in osteuropäischen Staaten verstärkte, machte Unabhängigkeitsbewegungen in ganz Osteuropa Platz. Unter Gorbatschow durften die Länder des Ostblocks neben den Kommunisten auch andere Parteien wählen. Dies war der Fall in Ungarn, das von der kommunistischen Herrschaft zu einer Mehrparteiendemokratie übergehen und es ihnen ermöglichen würde, die zwischen ihnen und dem benachbarten Österreich errichteten Barrieren zu durchbrechen. Das Ergebnis war, dass Ungarn engere Verbindungen zum Westen suchen würde. Dies ermöglichte es den Bürgern der DDR, Ungarn als Mittel zur Flucht nach Westdeutschland zu nutzen. Sie würden einfach nach Ungarn reisen, dann nach Österreich und von dort nach Westdeutschland. Ungarn hielt jedoch an der Vereinbarung mit der DDR fest, Auswanderer in die DDR zurückzuschicken. Der westdeutsche Bundeskanzler Kohl würde jedoch eingreifen und ostdeutsche Emigranten freilassen, die in der westdeutschen Botschaft in Budapest, Ungarn, festgehalten werden, und ihnen die Einreise nach Westdeutschland ermöglichen. Dies hatte einen Dominoeffekt, als immer mehr DDR-Bürger versuchten, sich auf den Weg zu den westdeutschen Botschaften in Polen und der Tschechoslowakei zu machen, um Asyl zu beantragen. Um das Gesicht zu wahren, erklärte sich DDR-Generalsekretär Honecker bereit, Schutzsuchenden das Verlassen westdeutscher Botschaften zu gestatten, wenn die DDR-Bürger in die DDR zurückkehrten und förmlich ausgewiesen würden. Dies hatte wenig Auswirkungen, als in Ostdeutschland eine Massenemigration stattfand, was dazu führte, dass Ostdeutschland den kostenlosen Transport nach Prag in der Tschechoslowakei unterbrach, um ihn zu stoppen.

Die DDR weigerte sich, Gorbatschows Wahlreform nachzukommen, und 1989 bestanden die Kommunalwahlen im ganzen Land immer noch aus einer Partei, der Socialist Unity Party, und die Bürger konnten nur für einen Kandidaten einer Einheit stimmen. Die Sowjetunion, Polen und Ungarn hatten bereits ihre Wahlpolitik reformiert. Darüber hinaus befürchteten viele lokale Organisationen eine gewaltsame Revolution, da die ostdeutsche Geheimpolizei weiterhin hart gegen eine wachsende Dissidentenbewegung vorging. Trotzdem wuchs die Dissidentenbewegung weiter und viele von ihnen bildeten verschiedene Pro-Unabhängigkeitsgruppen. Es folgte ein Dominoeffekt, und Beamte begannen, sich von der SED zu entfernen, da klar war, dass die DDR ohne sowjetisches Eingreifen nicht in der Lage war, eine Dissidentenbewegung von Hunderttausenden von Menschen zu unterdrücken. Nach Honeckers Entlassung unternahm die SED einen letzten Versuch, Forderungen nach einer neuen Reiseregelung nachzukommen und gleichzeitig die Massenflucht von DDR-Bürgern aus der DDR zu verhindern. Versuche, mit den neuen autonomen sozialen Organisationen in einen Dialog zu treten, schmälerten die Glaubwürdigkeit der Partei, ihre Einzigartigkeit in ostdeutschen Angelegenheiten zu behaupten, nur weiter. Das andere Problem waren die über 20 Jahre angehäuften Schulden der DDR gegenüber dem Westen, ein Problem, das die DDR nicht durch Sparmaßnahmen lösen wollte. Im Mittelpunkt der Dissidentenbewegung standen die Reisevorschriften, und als die DDR beschlossen hatte, das Problem anzugehen, indem sie mit sofortiger Wirkung zum 9. September neue Reisevorschriften einführten, damit DDR-Bürger die Deutsche Demokratische Republik über jeden Grenzübergang verlassen konnten, Bürger in Ostdeutschland begannen, Berlin in der Nähe mehrerer Kontrollpunkte zu sammeln. Obwohl es keine formellen Pläne zur Öffnung der Grenze gab, hoben die Wachen an den Kontrollpunkten Verkehrsbarrieren auf und Menschen strömten durch. Mit dem Fall der Berliner Mauer begann die Wiedervereinigung von Ost- und Westdeutschland.

Es war klar, dass viele der Faktoren, die Deutschland jahrzehntelang wirtschaftlich geplagt hatten, sich während der Zeit des von der Sowjetunion unterstützten ostdeutschen Staates – der Deutschen Demokratischen Republik – wiederholten. Während die DDR über eine der effizientesten Umsetzungen des Sozialismus in Osteuropa verfügte, setzten die lokale Rohstoffknappheit und die ständige Abwanderung von technischem Know-how nach Westdeutschland dem Leitungsgremium letztlich ein Verfallsdatum. Gleichzeitig kann man am Beispiel des Vorkriegs- und Nachkriegsdeutschlands sehen, dass Deutschlands wichtigstes Gut seine eigene ethnische deutsche Bevölkerung war. Der Export deutscher Wissenschaftler und Ingenieure nach Russland, Westdeutschland und in die Vereinigten Staaten spielte eine zentrale Rolle für den technologischen Fortschritt dieser Nationen.

Nach dem Fall der Berliner Mauer wurde der Diskurs darüber, wie Ost- und Westdeutschland bei der Wiedervereinigung vorgehen sollten, zu

Der Fall des US-Dollars

einem großen Gesprächsthema. Es gab jedoch einige Bedenken. Die Vereinigten Staaten zum Beispiel waren etwas besorgt darüber, wie ein wiedervereinigtes Deutschland seinen Platz in der NATO einschätzen würde, da es in erster Linie zum Teil geschaffen wurde, um Deutschlands zukünftige militärische Ambitionen zu ersticken. Andere waren der Meinung, dass Deutschland nach den von Deutschland während des Zweiten Weltkriegs begangenen Schrecken es nicht verdient habe, wiedervereinigt zu werden. Die Bundesrepublik Deutschland werde derweil die Lage im Auge behalten, wohl wissend, dass Ost- und Westdeutschland seit geraumer Zeit ideologisch auseinanderklaffen. Nichtsdestotrotz trug Bundeskanzler Kohl weiterhin dazu bei, die ostdeutsche Migration nach Westdeutschland zu erleichtern, ebenso wie er weiterhin das westdeutsche Ziel eines vereinten Deutschlands durchsetzen würde. Dies wurde jedoch von anderen westlichen Ländern, insbesondere Frankreich und England, die die Schrecken der beiden von den Deutschen begangenen Weltkriege nicht vergessen hatten, mit etwas Pessimismus aufgenommen. Israel war auch misstrauisch gegenüber der Idee eines vereinten Deutschlands, weil es befürchtete, dass es das jüdische Volk gefährden würde. Die meisten Deutschen, die sowohl in Ost- als auch in Westdeutschland lebten, unterstützten jedoch die Wiedervereinigung. In der Zwischenzeit versuchte Ostdeutschland, einige Reformen durchzusetzen, aber als Westdeutschland ihnen ein Ultimatum stellte, freie Wahlen zuzulassen oder riskierte, finanzielle Unterstützung verweigert zu werden, gab Ostdeutschland nach und hielt im März 1990 Wahlen ab, die von der konservativen Allianz für Deutschland gewonnen wurden Ende der sozialistischen Herrschaft in Ostdeutschland. Das Bündnis für Deutschland würde bis zur Wiedervereinigung von Ost- und Westdeutschland die Übergangsregierung in Ostdeutschland bilden.

Im Dezember 1989 trafen sich Delegierte aus Frankreich, Großbritannien, den Vereinigten Staaten und der Sowjetunion im Gebäude des Alliierten Kontrollrates in Berlin, um über ein unabhängiges Deutschland zu beraten. Alle waren sich einig, dass Deutschland Einheit, Unabhängigkeit und Selbstbestimmung zugestanden und die bestehenden Grenzen in Europa respektiert werden sollten. Der einzige Streitpunkt betraf das deutsche Militär. Gorbatschow sprach sich zunächst gegen einen Verbleib Deutschlands in NATO und EG aus und erklärte sich mit der Neutralität Deutschlands insgesamt einverstanden. Viele in der Sowjetregierung betrachteten das ostdeutsche Militär als integralen Bestandteil der sowjetischen Streitkräfte. Als sich jedoch wirtschaftliche Turbulenzen und Unruhen in der Sowjetunion abzuzeichnen begannen, beschloss Gorbatschow, in der Deutschland/NATO-Frage einen Rückzieher zu machen und die Bedingung zu akzeptieren, dass Deutschland in der NATO bleibt. Die westdeutsche Regierung stellte sofort 12 Milliarden Mark bereit, um den Wiedervereinigungsprozess zu erleichtern, der den Bau von Wohnungen und die Rückführung von über 100.000 sowjetischen Soldaten in die Sowjetunion erforderte. Im September 1990 unterzeichneten Deutschland, die USA, die Sowjetunion, Frankreich und Großbritannien den Zwei-plus-Vier-Vertrag, der die alliierte Besetzung Deutschlands beendete und seine offizielle Wiedervereinigung einleitete. Der nächste Schritt war die Währungsvereinheitlichung. Die ostdeutsche Mark, die Währung der DDR, war noch im Umlauf, verlor aber an Wert, und die westdeutsche Mark (D-Mark) breitete sich nach Osten aus. Eine andere Sache war, dass viele Ostdeutsche immer noch in den Westen abwanderten. Damals glaubten Ökonomen, die endlose Migration zu stoppen sei die Währungsvereinheitlichung und auch die Einschränkung des ostdeutschen Zugangs zu westdeutschen Sozialleistungen. Es wurde angenommen, dass die westdeutsche Regierung durch die Beschränkung der Leistungen auf ostdeutsche Migranten in Westdeutschland die Ostdeutschen entschlossener machen könnte, in Ostdeutschland zu bleiben. Bei der Frage der Währungsvereinigung forderten einige jedoch, dass die beiden Währungen im Verhältnis 1 zu 1 bewertet würden, was bedeutete, dass eine westdeutsche Mark einer ostdeutschen Mark entsprechen würde. Dies wurde vorgeschlagen, um zu verhindern, dass Bürger in Ostdeutschland ihre Ersparnisse vernichten. Letztendlich wurde vereinbart, dass für eine bestimmte Sparsumme ein 1:1-Wechselkurs gilt und für andere Beträge ein 1:2-Wechselkurs. Dieses Abkommen wurde im Mai 1990 ratifiziert und trat offiziell im Juli 1990 in Kraft.

Die Vereinigung der beiden deutschen Staaten war das erste Mal, dass eine solche Vereinigung stattgefunden hat. Nie zuvor ist eine kapitalistische Gesellschaft mit einer kommunistischen Gesellschaft zu einer verschmolzen. Am Anfang gab es einige Probleme. Zum Beispiel haben die historisch niedrigen Produktivitätsraten Ostdeutschlands im Vergleich zu Westdeutschland die Arbeitsmarktleistung Deutschlands nach der Vereinigung der beiden Länder insgesamt gesenkt. Nur 2 Jahre nach der Wiedervereinigung brach die industrielle Produktivität gegenüber 1989 um 73 % ein. Diese Herausforderungen blieben auch dann bestehen, als der Einfluss Osteuropas und der Sowjetunion auf Ostdeutschland rapide schwand. Kurz vor der Wiedervereinigung begann die Bundesrepublik Deutschland mit der Privatisierung der DDR-Wirtschaft. Ein Versuch, dies zu erreichen, war die Übernahme der Treuhand in Ostdeutschland, die ursprünglich von der DDR gegründet worden war, um ostdeutschen Unternehmen eine neue Führung zu verschaffen. Auf diese Weise erleichterte der Staat die Privatisierung. Der Trust würde die Vermögenswerte und Verbindlichkeiten von rund 8.000 ostdeutschen Unternehmen übernehmen und an Privatpersonen verkaufen, die für die Unternehmen bieten würden. Selbst nachdem die DDR vom Kommunismus abgedriftet war, stieß diese Maßnahme bei einigen auf Verachtung, die eine sozialistische Einstellung bewahrten. Der CEO dieses Trusts wurde 1991 von einem Scharfschützen in seinem Haus ermordet.

Ein weiteres Thema der Vereinigung, das in den Vordergrund trat, war die Frage der Eigentumsrechte. Die massiven Eigentumsenteignungen, die von 1949 bis 1989 von der DDR-Regierung im sozialistischen DDR-Staat verhängt wurden, erschwerten es der Bundesrepublik, herauszufinden, wer die ursprünglichen Eigentümer des Eigentums waren. Trotzdem wurden Millionen von Behauptungen aufgestellt und bestätigt. Und das würde letztlich Investoren davon abhalten, in den Immobilienmarkt einzusteigen.

Hinzu kam die Frage der Löhne, die durch die Tatsache verschärft wurde, dass der Wechselkurs der DDR-Mark zur Westmark die Produktionskosten hoch hielt und die Lohnspannen über das hinausgingen, was die entsprechende Produktivität gerechtfertigt hatte. So würden westdeutsche Unternehmen versuchen, ihre neuen ostdeutschen

Märkte zu integrieren, indem sie einfach mehr Produktionsstätten in Westdeutschland statt im Osten errichten. Aber nicht nur die Lohnfrage schreckte westdeutsche Unternehmen davon ab, ihre Aktivitäten in die DDR auszudehnen. Ostdeutschland war von veralteter und degradierter Infrastruktur sowie von Energieknappheit geplagt, die Kommunikationsleitungen wie Telefondienste beeinträchtigte. Aufgrund dieser sicherheitsrelevanten Energieknappheit wurden mehrere ostdeutsche Stromnetze stillgelegt. Viele Straßen und Schienen in der DDR waren in einem so schlechten Zustand, dass sie komplett saniert und viele neu gebaut werden mussten. Dies galt auch für die Autobahnen. All diese Probleme unterstrichen eine ernsthafte Verzögerung im Einigungsprozess des Übergangs der DDR von einem sozialistischen Staat zu einer freien Marktwirtschaft, und es stellte sich heraus, dass Maßnahmen zur Beschleunigung des Prozesses etwas sein könnten, das letztendlich langfristig behindert werden würde Wirtschaftswachstum. Es wurde geglaubt, dass ein effizienter Übergang nur stattfinden kann, wenn der erwartete anfängliche Rückfall zugelassen wird, anstatt Kompromisse anzubieten, um solche Ereignisse zu verhindern, Kompromisse, die die Struktur der Wirtschaft nachhaltig belasten könnten. Gleichzeitig gibt es hier jedoch ein Dilemma, mit dem sich deutsche Ökonomen auseinandergesetzt haben, dass das Zulassen von Disruption zu einer Art Verwüstung führen könnte, die sowohl die wirtschaftliche als auch die politische Stabilität beeinträchtigt, die für einen reibungslosen Ablauf erforderlich ist, und sogar die Aussöhnung gefährden könnte. Umbrüche könnten die Abwanderung von Ostdeutschen aus der DDR in die Bundesrepublik Deutschland weiter verschärfen. Der Versuch, bei der Lösung dieser Probleme einen Mittelweg zu finden, war normalerweise teurer, und der Versuch, die Kosten des Übergangs zu senken, indem bestimmte Ergebnisse zugelassen wurden, war etwas, das möglicherweise den gesamten Prozess als Ganzes behinderte.

Der konservative Musterwohlfahrtsstaat, der in der BRD vor der Wiedervereinigung existierte, war wesentlich zukunftsfähiger, weil er nicht durch die Aussicht auf zusätzliche Kosten belastet war, die eine Integration in die DDR mit sich bringen würde. Diese Kosten standen im Zusammenhang mit Angelegenheiten im Zusammenhang mit der Behebung von Infrastrukturproblemen in Ostdeutschland, der Bewältigung des Migrationsproblems – Westdeutschland musste einen Weg finden, die Menschen dazu zu bringen, in Ostdeutschland zu bleiben, und dem Arbeitsmarktproblem – die Arbeitsmarktproduktivität in Ostdeutschland war niedriger als in Westdeutschland. Das westdeutsche Finanzsystem war eines, das Wohlfahrtsprogramme anbot, aber auf Arbeitsleistung, Kollektivbesteuerung der Lohnempfänger und BIP basierte. Diese Art von System ist auf einen Arbeitsmarkt mit hoher Produktivität und hoher Beschäftigung angewiesen. Dies war in Westdeutschland der Fall, aber nicht in Ostdeutschland, und verursachte einige Probleme im Übergangsprozess der Vereinigung. In Westdeutschland zahlten die Arbeitnehmer in der Regel einen Teil ihres Lohns steuerlich ab, während ihre Arbeitnehmer Beiträge zur Versicherung leisteten. Das Geld würde in einen nationalen Pool fließen, der Versicherungsansprüche begleichen würde. Die ostdeutsche Wirtschaftslage mit hoher Arbeitslosigkeit und geringer Produktivität, verbunden mit steigenden Forderungen nach Sozialleistungen, belastete das deutsche Wirtschaftssystem, da die Arbeitnehmerbeiträge bei hoher Arbeitslosigkeit in Ostdeutschland auch geringer ausfallen würden. Westdeutschland war daher gezwungen, inmitten dieses Mangels an besteuerten Beiträgen und erhöhten Versicherungsansprüchen unter der weniger produktiven Bevölkerungsgruppe von Arbeitnehmern in Ostdeutschland die Lücke zu schließen. Die steigenden Kosten zur Absorption dieses sinkenden Beitrags-Nutzen-Verhältnisses in der deutschen Wirtschaft übten Druck auf die westdeutsche Regierung aus, Reformen bei den Sozialausgaben durchzuführen. Bis 1995 stieg die Arbeitslosenquote in Ostdeutschland deutlich an und war doppelt so hoch wie in Westdeutschland. Ganz zu schweigen davon, dass die Zahl der Sozialhilfeempfänger bundesweit auch die Zahl der Erwerbstätigen überstieg. Im Jahr 2000 machten die Sozialausgaben 32 % des nationalen BIP aus, in Ostdeutschland 50 % des BIP. Deutschland hat die im Stabilitäts- und Wachstumspakt festgelegten Defizitgrenzen überschritten, der Teil des Vertrags von Maastricht war – einer Vereinbarung zwischen mehreren europäischen Ländern über politische und wirtschaftliche Zusammenarbeit. Dieses Abkommen ist als Europäische Union (EU) bekannt geworden. Es ist aus der Europäischen Kommission hervorgegangen. Der gleichzeitig mit der EU-Gründung unterzeichnete Stabilitäts- und Wachstumspakt zielte darauf ab, die Ausgaben der europäischen Länder in der EU zu begrenzen. Gemäß der Vereinbarung durfte das Haushaltsdefizit 3 % des BIP und die Staatsverschuldung 60 % des BIP nicht überschreiten.

Unabhängig davon kam der Übergang zur Einheit durch eine entschlossene DDR ins Rollen. Die Treuhand war aus westdeutschen Mitarbeitern zusammengesetzt und mit einer solchen Verantwortung ausgestattet, dass sie im Grunde das oberste Organ der DDR war. Ein Großteil der Investitionen in Ostdeutschland stammte von westdeutschen Investoren, und die nichtdeutschen Firmen, die in Ostdeutschland investierten, waren Unternehmen mit Tochtergesellschaften in Westdeutschland. Der Zustand der DDR war in einem solchen Zustand, dass es für die Treuhand sehr schwierig wurde, ausländische Investitionen in diese Region zu locken. In der Folge schrumpfte die DDR-Wirtschaft in den Jahren nach der Wiedervereinigung unerwartet stark; Die Arbeitslosigkeit stieg auf über 3 Millionen und die Industrieproduktion brach zusammen. 1991 machte die Gesamtproduktion in Ostdeutschland nur 8 % der gesamten westdeutschen Produktion des Jahres aus.

Der Übergangsprozess wurde weitgehend von Westdeutschen erleichtert, und gerade deshalb waren viele der Firmen in Ostdeutschland nur Tochterunternehmen westdeutscher Firmen. Und diese Tochtergesellschaften folgten in Bezug auf Eigentum und Management den gleichen Unternehmensmodellen wie ihre Muttergesellschaft im Westen. Die Vermögenswerte der Banken in Ostdeutschland wurden von westdeutschen Banken übernommen, die ihre eigenen westlichen Bankvertreter in Management- und Vorstandspositionen bei den Banken in Ostdeutschland einsetzten, wodurch westliche Firmen die Kontrolle über die Geschäfte dort behalten konnten. Auf diese Weise entstand die Treuhand, deren Mitarbeiter viele von westdeutschen Banken stammten. Die anfänglichen Probleme beim Übergang von der Vereinigung von Ost-

Der Fall des US-Dollars

und Westdeutschland zu einem souveränen Staat bremsten das Wirtschaftswachstum. In den frühen Stadien der Vereinigung flossen nur sehr wenige Investitionen nach Ostdeutschland. Tatsächlich machten die Kapitalzuflüsse nach Ostdeutschland nur 1 % des nationalen BIP aus. Und ein Großteil dieses Zuflusses wurde einfach an Investoren verbannt, die die Unternehmen dort kauften. Es war klar, dass viel mehr erforderlich war, um nicht nur in Immobilien zu investieren, sondern diese Firmen auch zu renovieren und zu sanieren. Aber die Investoren waren vorsichtig, kauften die Unternehmen und stellten sicher, dass das Unternehmen in Bezug auf die Produktivität lebensfähig war, bevor sie mehr in Löhne und Renovierungen investierten. Viele Investoren zogen ihre Zusagen von ostdeutschen Unternehmen zurück. Da ein Großteil der westdeutschen Ausgaben für Infrastruktur und Sozialleistungen für Arbeitslose, Behinderte und ältere Menschen in Ostdeutschland ausgegeben wurde, stünde weniger für Investitionen in die weitere wirtschaftliche Entwicklung zur Verfügung. Die Infrastrukturprojekte trugen sicherlich zur Schaffung von Arbeitsplätzen bei, trugen aber wenig zum Gesamtwachstum der Wirtschaft bei. Auf die Frage nach dem Grund wurde ein kurzfristiger Rückfall festgestellt. Es wurde angenommen, dass die Zeit, die für die Schulung von Mitarbeitern aufgewendet wurde, die Zeit verringerte, die die Mitarbeiter für die Suche nach einer Beschäftigung aufwenden würden. Hinsichtlich der Ausgaben wurde außerdem festgestellt, dass die Bundesregierung in den ersten 3 Jahren 350 Milliarden DM für den Wirtschafts-, Währungs- und Einigungsprozess in Ostdeutschland ausgegeben hat. Zwischen 1992 und 1995 würde Deutschland fast 850 Milliarden D-Mark für Ostdeutschland ausgeben. Unter Berücksichtigung der Bevölkerungszahl in Ostdeutschland hätten solche Ausgaben 50.000 D-Mark für jeden in Ostdeutschland lebenden Menschen einbringen können. Dies unterstreicht, wie unerbittlich und hartnäckig sich die westdeutsche Regierung für die Wiedervereinigung einsetzte.

Während der ersten Phase der Wiedervereinigung verbesserte sich die Wirtschaft Westdeutschlands etwas, was größtenteils auf die Nachfrage zurückzuführen war, die durch Menschen geschaffen wurde, die aus Ostdeutschland in das Land zogen. Anders als die Wirtschaft Ostdeutschlands, die unmittelbar nach der Wiedervereinigung stark schrumpfte, stieg das BIP Westdeutschlands 1990 um rund 4,6 %. Im selben Jahr gelang es, die Lebenshaltungskosten trotz steigender Löhne in einigen Branchen stabil zu halten. Die Beschäftigung stieg in diesem Jahr und die Arbeitslosigkeit ging zurück, wahrscheinlich aufgrund des Zustroms von Arbeitern aus Ostdeutschland, um offene Stellen zu besetzen. Die Arbeitslosenquote würde damit auf 7 % sinken. Zwischen 1990 und 1991 pendelten fast 400.000 Menschen aus der DDR an ihren Arbeitsplatz im Westen. Ein weiterer Faktor für das BIP-Wachstum war, dass viele Ostdeutsche Waren aus Westdeutschland erwerben wollten, Waren, die sie als den in Ostdeutschland produzierten überlegen betrachteten. Viele in Ostdeutschland legten ihr Geld auch bei westdeutschen Banken an und erhöhten dort den Kapitalzufluss, was sich weiter positiv auf die Wirtschaft im Westen auswirkte. Trotz dieser für das Wirtschaftswachstum in Westdeutschland förderlichen Faktoren hatte die Bundesbank Bedenken geäußert, dass die Impulse der Ost-West-

Der Fall des US-Dollars

Kapitalströme ein Inflationsrisiko darstellen würden. Außerdem gab es erhöhte Besorgnis über steigende Staatsdefizite infolge von Infrastrukturausgaben in Ostdeutschland. Diese Aussichten machten der Bankenbranche in Westdeutschland klar, dass die Zinssätze hoch bleiben mussten, um das Risiko einer hohen Inflation aufgrund des schnellen Wachstumstempos und des Geldmengenwachstums in Westdeutschland zu mindern. Diese Angst vor Preiserhöhungen veranlasste die Banken, die kurzfristigen Zinssätze zwischen 1991 und 1992 stark anzuheben. Der durchschnittliche kurzfristige Zinssatz stieg von 7,1 % im Jahr 1989 auf 8,5 % im Jahr 1990, bevor er 1991 auf 9,2 % und 9,5 % stieg 1992 jeweils 7,3 %. Die Bank war zuversichtlich, dass der Inflationsdruck zu diesem Zeitpunkt unter Kontrolle war. Nach diesen geldpolitischen Maßnahmen begann sich das Wachstumstempo in Westdeutschland zu verlangsamen; im letzten Quartal 1992 betrug die Wirtschaftswachstumsrate Westdeutschlands kaum 1 % - weit entfernt von den 4,2 % im ersten Quartal 1991. Insgesamt würde die Wachstumsrate 1992 1,5 % gegenüber dem Vorjahr betragen, was einem Wert von 3,7 entspricht % Verlangsamung der Wachstumsrate deutet darauf hin. In Ostdeutschland läge die Wachstumsrate dort unter den Erwartungen der Analysten. Es wurde erwartet, dass 1992 eine Wachstumsrate von mindestens 7 % bringen würde, aber die offizielle Zahl lag bei nur 6 %. Sowohl Ost- als auch Westdeutschland verzeichneten 1992 einen Anstieg der Arbeitslosigkeit; Die Gesamtzahl der Arbeitslosen in Deutschland lag in diesem Jahr bei einer Rekordzahl von 4 Millionen Menschen. Davon entfielen zwei Drittel auf Westdeutschland und ein Drittel auf Ostdeutschland. Trotzdem stieg das nationale BIP für ganz Deutschland in diesem Jahr auf über 3 Billionen D-Mark. Ostdeutschland trug dazu 7 % bei. Die Verlangsamung der Wachstumsrate setzte sich bis 1993 fort und wurde auf -1,2 % negativ. Nachdem die kurzfristigen Zinsen über ein Jahr lang gesenkt wurden, würde Deutschlands Wirtschaftswachstum von diesem Zeitpunkt an stetig steigen und durchschnittlich etwa 2 % pro Jahr betragen. Auch die Arbeitslosigkeit beginnt zu sinken, wenn auch langsam und allmählich.

Schließlich war der Einigungsprozess mit einem großen Kompromiss verbunden, der Westdeutschland zwang, rund 2 Billionen Mark in den Aufbau der ostdeutschen Wirtschaft zu investieren, um sie von einem sozialistischen Staat zu einer sozialen Marktwirtschaft umzuwandeln. Die Kosten für die Sanierung der dortigen Infrastruktur machten einen erheblichen Teil der 2-Billionen-Mark-Investition aus. Aber die Zeit zeigte, dass Ostdeutschland die Wirtschaftskraft Westdeutschlands niemals einholen konnte. Auch im Jahr 2011 zeigten die Ergebnisse, dass die Wachstumsraten noch hinter denen Westdeutschlands zurückblieben. Die Arbeitslosigkeit blieb im Osten viel höher, ein Ergebnis, das viele Ökonomen auf die Subventionierung der sozialen Infrastruktur der DDR durch Westdeutschland zurückführten. Grund für die Selbstzufriedenheit in Ostdeutschland sind die überhöhten Ausgaben der westdeutschen Regierung für Arbeitslosengeld, Sozialhilfe und Maßnahmen zur Arbeitsplatzsicherung im Osten. Das Wirtschaftswunder, das kurz nach dem Zweiten Weltkrieg in Westdeutschland begann, war Anfang der 2000er Jahre verflogen. Die Kosten der Wiedervereinigung, die die deutsche Wirtschaft schließlich aus den Höhen des Wirtschaftswunders bremsten, führten dazu, dass Deutschland als „kranker Mann Europas" verspottet wurde. Im Jahr 2003 durchlief die deutsche Wirtschaft eine kurze Rezession, während das Wirtschaftswachstum zwischen 1988 und 2005 im Durchschnitt nur 1,2 % pro Jahr betrug. Hohe Arbeitslosigkeit plagte die ostdeutsche Wirtschaft, ungeachtet der dortigen staatlichen Ausgaben für Sozialprogramme. Im Jahr 2008 wirkte sich die globale Finanzkrise auf das deutsche BIP aus und ließ es sinken. Wie sich jedoch herausstellte, erholte sich die deutsche Wirtschaft schneller von der Finanzkrise von 2008 als jede andere Nation, und diese Dynamik würde bis 2010 und darüber hinaus anhalten, da die globale Nachfrage die deutschen Exportmärkte beleben würde, die die Hälfte des deutschen BIP ausmachen würden .

Der Euro begann 1999 als virtuelle Währung, nachdem er in den letzten Jahrzehnten vorgeschlagen worden war. Es ist seit den 1960er Jahren ein langjähriges Ziel für die europäische Koalitionsbewegung und später für die EU in den 1990er Jahren. Der Vertrag von Maastricht kam 1993 mit der Absicht zustande, bis 1999 eine Wirtschafts- und Währungsunion der EU-Mitgliedstaaten zu errichten. Großbritannien war von diesem Ziel ausgenommen, ebenso Dänemark. Bis 2002 waren Euro-Banknoten und -Münzen im Umlauf und erlangten schnell die Vorherrschaft gegenüber den anderen damals im Umlauf befindlichen nationalen Währungen. Rückblickend geht der Diskurs über eine Währungsunion für europäische Länder auf den von Woodrow Wilson am Ende des Ersten Weltkriegs vorgeschlagenen Völkerbund zurück. Schon damals wurde eine einheitliche Währung unter der sogenannten Lateinischen Währungsunion für Frankreich, Italien vorgeschlagen , Belgien und der Schweiz. Später würden politische Entscheidungsträger einen Weg finden, einen ähnlichen Rahmen zu formulieren. Die erste Initiative zu diesem Thema wurde 1969 von der Europäischen Kommission (EK) durchgeführt, die darauf abzielte, die Notwendigkeit einer europäischen Koordinierung der wirtschafts- und währungspolitischen Zusammenarbeit zum Ausdruck zu bringen. Kurz darauf erörterte eine Konferenz des Europäischen Rates in Den Haag Möglichkeiten zur Verringerung der Wechselkursvolatilität. Dieses Treffen führte zu einem Vorschlag – der 1970 von Pierre Werner, dem Premierminister von Luxemburg, veröffentlicht wurde – der einen zentralisierten Rahmen für die makroökonomische Politikgestaltung vorschlug, der die Volatilität der europäischen Währungen begrenzen und die Kapitalbewegungen reduzieren würde. Als die USA 1971 den US-Dollar vom Bretton-Woods-Goldstandard lösten, schränkte die darauf folgende weit verbreitete Währungsabwertung die von der Europäischen Kommission festgelegten Ziele der Währungseinheit ein. Aber 1979 wurde das Europäische Währungssystem (EMS) gegründet und die Wechselkurse wurden auf eine Rechnungseinheit namens Europäische Währungseinheit (ECU) festgelegt. Ziel war es, Wechselkursschwankungen und Inflation entgegenzuwirken. Aus dem EWS ging später der Europäische Fonds für währungspolitische Zusammenarbeit hervor. 1988 entwickelte der Europäische Rat einen Währungseinheitenplan, der von Frankreich, Italien und der Europäischen Kommission unterstützt wurde. Der Präsident der Europäischen Kommission, Jacques Delores, wurde dann 1989 gebeten, den Vorsitz in einem Ausschuss von Zentralbankpräsidenten zu übernehmen, der die Aufgabe hatte, die konkrete Methodik für die Entwicklung der Wirtschafts-

und Währungsunion (WWU) zu formulieren. Sein Entwurf legte einen Entwurf für die WWU in drei Phasen vor, eine, die das Europäische System der Zentralbanken (ESZB) errichten würde – eine Institution, die die Schaffung und Umsetzung der Geldpolitik überwachen würde. Die erste Stufe dieses Entwurfs war die Liberalisierung des Kapitalverkehrs in der Europäischen Wirtschaftsgemeinschaft durch die Abschaffung der Devisenkontrollen. Darauf folgte der Vertrag von Maastricht von 1992, der eine Einigung über die Währungsunion begründete und den Weg für eine einheitliche Währung für die EU-Mitgliedstaaten mit Ausnahme des Vereinigten Königreichs ebnete. Bis 1999 sollte diese Gemeinschaftswährung in Kraft treten. Deutschland stand einer Ablösung von der D-Mark zunächst etwas skeptisch gegenüber. Frankreich hingegen stimmte dem Vertrag zu, während sich Großbritannien und Dänemark der Stimme enthielten. 1992 brach die britische Währung, das Pfund Sterling, kurzzeitig zusammen und musste sich aus dem EWS zurückziehen.

Die zweite Phase des Delors-Plans begann 1994 mit dem Europäischen Währungsinstitut, das geschaffen wurde, um den ERM-geborenen Europäischen Währungsfonds auslaufen zu lassen. Das Europäische Währungsinstitut wäre der Europäischen Zentralbank direkt vorgelagert. Auf einer Konferenz des Europäischen Währungsinstituts im Jahr 1995 wurde der Euro geschaffen und sollte die neue Währung heißen, die die bisherige Rechnungswährung, die Europäische Währungseinheit (ECU), ersetzen sollte. Als Starttermin wurde der 1. Januar 1999 festgelegt. Bereits 1997 ratifizierte der Europäische Rat den Stabilitäts- und Wachstumspakt, der Regeln festlegte, wie viel die Regierungen der EU-Mitgliedstaaten ausgeben dürfen. Der Pakt sollte die Haushaltsdisziplin nach der Einführung des Euro im Jahr 1999 sicherstellen. Der WKM II wurde auch als Wechselkursmechanismus zwischen dem Euro und den nationalen Währungen von Ländern eingerichtet, die später dem Euroraum beitreten könnten.

1998 umfasste die dritte Stufe des Delors-Plans die Auswahl von 11 Mitgliedsländern, die sich für die Einführung des Euro in der sogenannten Eurozone qualifizieren würden. Die Bedingungen, die für jedes Land erforderlich sind, um ein Haushaltsdefizit von weniger als 3 % des nationalen BIP, eine öffentliche Verschuldung von weniger als 60 % des nationalen BIP, eine niedrige Inflation und Zinssätze innerhalb der durchschnittlichen EU-Sätze aufrechtzuerhalten. Griechenland war das einzige Land, das im Januar 1999 aus der Eurozone ausgeschlossen wurde, weil es diese Anforderungen nicht erfüllte. (Dank Goldman Sachs traten sie jedoch später im Jahr 2001 der Eurozone bei.) Am Ende der Umsetzung aller drei Phasen von Delors zur Errichtung eines einheitlichen Währungssystems unter dem Euro sollte das Europäische Währungsinstitut durch das Europäische ersetzt werden Zentralbanken. Im Juni 1998 wurde beschlossen, dass die Europäische Zentralbank das Europäische Währungsinstitut ersetzen sollte, nachdem der Euro im Januar 1999 in Kraft getreten war. Die Umrechnungskurse würden dann zwischen dem Euro und den nationalen Währungen der 11 Mitgliedsländer in der EU festgelegt der Eurozone. Die Kurse wurden auf der Grundlage von Empfehlungen der Europäischen Kommission an den Rat der EU eingeführt und würden auf den Marktkursen am letzten Tag des Jahres 1998 basieren, so dass ein Wechselkurs von 1:1 zwischen der europäischen

Der Fall des US-Dollars

Währungseinheit und der EU bestehen würde der Euro. Der Grund dafür, dass es sich um die Kurse vom 31. Dezember 1998 handeln musste, war, dass die Europäische Währungseinheit „vom Schlusskurs der Nicht-Euro-Währungen (hauptsächlich des Pfund Sterling) an diesem Tag abhing. Aufgrund unterschiedlicher nationaler Rundungskonventionen und signifikanter Stellen mussten alle Umrechnungen zwischen den Landeswährungen nach der Euro-Triangulationsmethode durchgeführt werden."

Der Euro wurde offiziell, als die nationalen Währungen der 11 Mitgliedsländer der Eurozone nicht mehr unabhängig, sondern miteinander verbunden waren. Der Euro wurde zunächst in virtueller Form eingeführt und hauptsächlich elektronisch abgewickelt, ersetzte aber schließlich im Jahr 2002 die anderen nationalen Währungen, als Euro-Münzen und -Banknoten in Umlauf gebracht wurden. Im Januar 1999 lauteten alle Anleihen und Staatsanleihen der 11 EU-Mitgliedsländer der Eurozone auf Euro. Der Euro überstieg zunächst den Wert des US-Dollars. Im Januar 1999 war der Euro 1,16 US-Dollar wert. Die D-Mark, die Anfang Januar neben dem Euro gehandelt werden sollte, verschwand schnell, sobald sich die Märkte öffneten. Der US-Dollar würde an Boden gewinnen und bis Ende 1999 mit dem Euro gleichziehen, was zu Sofortmaßnahmen der Europäischen Zentralbank zur Stützung des Euro führen würde. Den EU-Mitgliedstaaten wurde eine Frist eingeräumt, um den Status ihrer nationalen Währungen als gesetzliches Zahlungsmittel bis zum 28. Februar 2002 aufzuheben, zwei Monate nachdem die Euro-Münzen und -Banknoten in Umlauf gebracht wurden. Deutschland hat der D-Mark am 31. Dezember 2001 den Status als gesetzliches Zahlungsmittel entzogen, im Gegensatz zu anderen Mitgliedsländern, die bis zum Ablauf der Frist mit der Aufhebung des Status als gesetzliches Zahlungsmittel ihrer Landeswährung gewartet haben. In einigen Ländern würde die Umtauschbarkeit der Landeswährung bis zum 30. Juni 2002 in Kraft bleiben. Für andere Länder wie Deutschland, Österreich, Irland und Spanien tauschten die lokalen Nationalbanken die Landeswährung über die Frist im Juni 2002 hinaus weiter um. In Deutschland hat die Deutsche Telekom im Jahr 2005 das Zahlungssystem für 50000 Münztelefone geändert und sie für die Annahme von D-Mark-Münzen verfügbar gemacht.

In den Jahren nach der Einführung des Euro im Jahr 1999 und seinem kurzen Niedergang Anfang 2002 erholte sich der Euro allmählich und wertete gegenüber dem Dollar auf, und bis 2008 würde ein Euro 1,59 $ wert sein. Der Euro gewann Ende der 2000er Jahre auch gegenüber dem Pfund Sterling an Wert. Der frühere Vorsitzende der US-Notenbank, Alan Greenspan, prognostizierte 2007, dass der Euro irgendwann den US-Dollar an Bedeutung überholen würde.

Als Reaktion auf die globale Finanzkrise von 2008, die sich negativ auf die Wachstumsrate der EU auswirkte, wurde der Vertrag von Lissabon geschlossen, der darauf abzielte, eine noch stärkere wirtschaftliche Zusammenarbeit in Europa durch die Einrichtung der sogenannten Eurogruppe, einer Konferenz der Euro, zu fördern Finanzminister unter der Leitung von Jean Claude Juncker. Deutschland war jedoch skeptisch gegenüber den Bemühungen der Eurogruppe, da es glaubte, dass dies die Souveränität der Europäischen Zentralbank in Frage stellen würde. Kurz vor der Gründung der Eurogruppe trafen sich die Staats- und

Der Fall des US-Dollars

Regierungschefs der EU-Mitgliedstaaten der Eurozone in Paris, um die Probleme der Finanzkrise 2008 zu erörtern, und es wurden Fortschritte bei der Erörterung von Maßnahmen zur Bewältigung der Rezession erzielt erreicht. Der Plan, der verwirklicht werden sollte, sah vor, dass über hundert Milliarden Euro in das Finanzsystem gepumpt wurden, um einen totalen Zusammenbruch zu verhindern. Der Plan sah vor, dass Regierungen Anteile an verschiedenen Banken kaufen sollten, um die Bankfinanzen zu erhöhen und die Kreditvergabe zwischen den Banken zu erleichtern. Die EU hielt eine Zusammenarbeit in dieser Angelegenheit für unerlässlich, da die Aussicht auf abtrünnige Nationen die Kreditprobleme des Bankensektors noch viel schlimmer hätte machen können. Und viele Anleger in der EU befürchteten, dass die Krise von 2008 ein mögliches Auseinanderbrechen der Eurozone auslösen könnte. Letztendlich erholte sich die Eurozone jedoch im Laufe des Jahres 2009 recht deutlich, als sich die Spreads der Anleiherenditen zwischen Deutschland und den weniger effizienten Volkswirtschaften der Eurozone verringerten. Viele führen diese Katastrophenprävention auf die Maßnahmen der Europäischen Zentralbank zurück, die im Juni 2009 500 Milliarden Euro in den Bankensektor gepumpt hat. Dies würde dem Euro den Ruf eines sicheren Hafens verleihen und dazu führen, dass sich mehr europäische Länder um einen EU-Beitritt bewerben.

Trotz des Rettungspakets der Europäischen Zentralbank drohte Griechenland und einigen anderen Mitgliedsstaaten ein Zahlungsausfall, da sie immer noch Schwierigkeiten hatten, Mittel aufzubringen. Dies führte dazu, dass die Staats- und Regierungschefs der Eurozone einen Plan namens European Financial Stability Facility aufstellten, der geschaffen wurde, um angeschlagene Mitgliedstaaten der Eurozone zu retten. Es wurde mit Mitteln des IWF und mit Hilfe des Europäischen Finanzstabilisierungsmechanismus unterstützt. Die Schuldenkrise würde die europäischen Staats- und Regierungschefs zwingen, weiter auf eine stärkere europäische Integration zu drängen. Auf der Website der Europäischen Kommission https://ec.europa.eu/ heißt es: „Der Europäische Finanzstabilisierungsmechanismus (EFSM) wurde für die Europäische Kommission geschaffen, um jedem EU-Land, das mit ernsthaften finanziellen Schwierigkeiten konfrontiert oder von diesen bedroht ist, finanzielle Unterstützung zu leisten. Der EFSM wurde verwendet, um Irland und Portugal zwischen 2011 und 2014 unter der Bedingung der Umsetzung von Reformen finanziell zu unterstützen, und um Griechenland im Juli 2015 kurzfristige Überbrückungskredite zu gewähren."

Die Kreditvergabekapazität der Europäischen Finanzstabilisierungsfazilität (EFSF) von 400 Mrd. € könnte mit Krediten des Europäischen Finanzstabilisierungsmechanismus von maximal 60 Mrd. € und Krediten des IWF von maximal 250 Mrd. € kombiniert werden. Der EFSC wurde 2011 in Betrieb genommen, um Irland und Portugal zu retten. Die EU-Mitgliedstaaten könnten die Europäische Kommission und den IWF um Unterstützung bitten, indem sie einen Fiskalplan vorlegen, der von der Eurogruppe genehmigt werden müsste. Zunächst würde sich das um Unterstützung ersuchende Land mit Vertretern des Internationalen Währungsfonds und der Europäischen Zentralbank treffen, ein Unterstützungsprogramm erarbeiten und es der Eurogruppe zur Genehmigung vorlegen. Sobald das Programm genehmigt ist, würde die EFSF das Darlehen an das bedürftige Land vergeben. Dies würde mehrere Tage dauern, da die EFSF Zeit benötigen würde, um die Mittel aufzubringen. Die diversifizierten Beträge basieren auf von der EZB verwendeten Kennzahlen, und die garantierten Kreditbeträge stiegen von 440 Mrd. € auf 780 Mrd. €, eine Erhöhung, die letztendlich die fiskalisch solideren Mitgliedsländer der EU belasten würde, falls eines der EU-Mitgliedsländer Mitglied wird mit einem EFSF-Darlehen in Verzug geraten. Die Rettung Griechenlands im Jahr 2010 war nicht Teil dieser EFSF-Garantie, sondern Teil einer anderen Vereinbarung zwischen den Ländern der Eurozone und dem IWF.

Griechenland konnte mit Hilfe von Goldman Sachs, einer amerikanischen Investmentfirma, der Eurozone beitreten. Trotz seiner Unfähigkeit, die fiskalischen Anforderungen des Stabilitäts- und Wachstumspakts zu erfüllen, konnte Griechenland der Eurozone im Jahr 2001 durch eine Technik beitreten, die die Schuldenlast der Regierung durch Währungsswaps verschleiern würde. Goldman Sachs gab Griechenland einen geheimen Kredit über 2,8 Milliarden Euro, getarnt als „Cross-Currency-Swap". Diese komplizierte Transaktion löschte künstlich 2 % der Staatsschulden Griechenlands aus und ermöglichte es ihnen, sich als berechtigt zu präsentieren, der Eurozone beizutreten. Aber als dieser Trick 2009 aufgedeckt wurde, stellte sich heraus, dass Griechenlands Defizit schlimmer war als angekündigt, da seine Staatsverschuldung 127 % des BIP ausmachte. Die EU beschloss zu intervenieren, und eine Troika, bestehend aus der Europäischen Kommission, der Europäischen Zentralbank und dem IWF, stellte Griechenland einen Kredit in Höhe von 110 Milliarden Euro zur Verfügung, um die Gläubiger auszuzahlen und sich an Sparmaßnahmen wie höhere Steuern und niedrigere Ausgaben anzupassen, damit Griechenland es konnte wieder in den Überschuss wachsen. Allerdings führte die Sparmaßnahme nicht zum gewünschten Ergebnis. Die Staatsverschuldung Griechenlands würde bis 2011 auf 172 % des BIP anwachsen. Die Troika würde Griechenland mit weiteren 130 Milliarden Euro Rettungspaket und anderen Maßnahmen versorgen, um Griechenland dazu zu bringen, sich an die Sparmaßnahmen zu halten. Dieser zweite Versuch wäre erfolgreicher und Griechenland würde beginnen, aus seinen Schuldenproblemen herauszukommen. Die Sparmaßnahmen verursachten jedoch innenpolitische Probleme wie steigende Arbeitslosigkeit und sinkende Löhne, was 2015 zu vorgezogenen Wahlen in Griechenland führen sollte, bei denen das griechische Volk jemanden an die Macht wählen würde, der die Sparmaßnahmen beenden würde. Der griechische Premierminister forderte eine Umstrukturierung mit der Troika, aber erhöhte Ausgaben führten dazu, dass Griechenland sich weiter verschuldete und schließlich mit einer Zahlung von 1,6 Milliarden Dollar an den IWF in Verzug geriet. Als Griechenland seinen Aktienmarkt schloss, würden sie endlich einem dritten von der EU angebotenen Rettungs-/Sparplan nachgeben, aber bis heute wird Griechenland aufgrund seines fiskalischen Missmanagements immer noch von schweren Schuldenproblemen geplagt.

Der Fall des US-Dollars

Kapitel 7: Das Ende der Rubelzone

Nach dem Zusammenbruch der Sowjetunion im Jahr 1991 suchten Russland und andere ex-sowjetische Staaten die beste Vorgehensweise in Bezug auf die Währung – in der Rubelzone bleiben oder ihre eigene Landeswährung einführen. Die Einführung einer für das Land einzigartigen Währung war oft ein Beweis für den Stolz, die Unabhängigkeit und die Souveränität des Landes. Es gab einem Land auch den notwendigen Hintergrund, um eine unabhängige Geldpolitik zu verfolgen. So wie es in Westeuropa vorbei war, waren die ehemaligen Sowjetstaaten Osteuropas versucht, eine multinationale wirtschaftliche Integration zu vermeiden, indem sie eine nationale Währung herausgaben. Diese Stimmung war vielleicht in Osteuropa stärker, da viele der ehemaligen Sowjetstaaten bestrebt waren, sich von einem Block zu lösen, der weithin als repressiv beschrieben wurde. Multilaterale Zusammenarbeit ist so etwas wie ein langjähriges Ziel Westeuropas. Aber für die osteuropäischen Staaten außerhalb Russlands war dies eine "dagewesene/erledigte" Aussicht, und 1993 bereiteten sich die meisten ehemaligen Sowjetstaaten darauf vor, ihre unabhängige Währung zu etablieren. Kirgistan, Lettland, Estland und Litauen waren fest entschlossen, eine einheitliche nationale Währung für ihre jeweiligen Länder einzuführen. Später im selben Jahr befanden sich Georgien, Moldawien und Aserbaidschan auf dem gleichen Weg zu einer unabhängigen Währung. Die Ukraine und Weißrussland bewegten sich jedoch als ostslawische Nationen zusammen mit Russland langsamer auf dem Weg zur monetären Unabhängigkeit und zogen es vor, mit Russland über einen stetigeren Rückzug aus der Rubelzone zu korrespondieren. Turkmenistan gab später sein Ziel bekannt, eine monetäre Unabhängigkeit anzustreben. Armenien, Kasachstan und Usbekistan blieben unentschlossen, während Tadschikstan seinen Verbleib in der Rubelzone ankündigte.

Während die Einführung einer einheitlichen Landeswährung ihre Vorteile hat, bringt sie auch Nachteile mit sich; Einer davon sind insbesondere die Kosten, und manchmal überwiegen diese die Vorteile einer unabhängigen Währung. Es gibt keine Garantie für wirtschaftlichen Erfolg durch die Wahl eines unabhängigen Wegs in der Geldpolitik, da viel davon von den Fähigkeiten, Fertigkeiten und Kenntnissen des Landes abhängt. Wir haben im Falle Deutschlands gesehen, insbesondere in Westdeutschland, dass es keinen Mangel an gut ausgebildeten und qualifizierten Arbeitskräften gab, die oft bereit waren, für niedrigere Löhne zu arbeiten. Was die Kosten der Währungsreform anbelangt, so hängt der Erfolg bei der Bewältigung dieser Kosten außerdem in hohem Maße von der zeitlichen Planung und anderen Faktoren wie Steuerverwaltung und Arbeitskräftemobilität ab. Auch der Wechselkurs kann als produktionsstabilisierender Faktor dienen. Natürlich gibt es den Interessenkonflikt, bei dem die Aufwertung der Landeswährung die Wettbewerbsfähigkeit einer Nation auf einigen Exportmärkten beeinträchtigen kann.

Nach dem Zusammenbruch der Sowjetunion waren einige russische Reformer bestrebt, die Rubelzone aufzubrechen, stießen jedoch auf erheblichen Widerstand, als fünfzehn unabhängige Zentralbanken begannen, immer mehr Rubelkredite auszugeben, was zwischen 1992 und 1993 zu einer Hyperinflation führte 1993 hatten die meisten Länder der ehemaligen Sowjetunion die Rubelzone verlassen, und jene Länder, die früher ausgetreten waren, erging es wirtschaftlich besser als jenen, die dies nicht taten. Als die Sowjetunion in 15 unabhängige Staaten zerfiel, hatte jeder dieser Staaten seine eigene Zentralbank, die weiterhin Rubelkredite vergab. Und das war problematisch, weil keine der Banken ihre Emission begrenzte, da alle davon ausgingen, dass die anderen Zentralbanken weiterhin stark Kredite vergeben würden. Die Rubelzone würde somit hyperinflationär, was die Unterstützung für die Zone nicht schmälerte. Die einzigen Kritiker waren der Erste Vizepremier Jegor Gaidar und die baltischen Führer. Gaidar wollte eigentlich, dass Russland den Rubel verstaatlicht, und viele der westlichen Berater Russlands wollten das auch. Aber Nationen, die mit Russland die besten Beziehungen pflegten, wie Weißrussland, Kasachstan, Armenien und Tadschikistan, wollten, dass die Rubelzone bestehen bleibt. Die anderen Nationen, die sich von Russland distanzieren wollten, wie die Ukraine, Moldawien, Georgien, Aserbaidschan, Turkmenistan und Usbekistan, freuten sich alle darauf, ihre eigene Landeswährung einzuführen. Russlands Hauptsorge in dieser Hinsicht war, dass, sollten andere Staaten die Rubelzone verlassen und eine nationale Währung schaffen, die verbleibenden Rubel dieser Länder nach Russland fließen könnten, was zu einem weiteren Anstieg der Rubelgeldmenge in Russland führen und die Inflationsaussichten verschärfen könnte.

In den Jahren 1992 und 1993 exportierte Russland seine Energieprodukte weiterhin zu subventionierten Preisen in die ehemalige Sowjetunion. Aber als die Länder die Rubelzone verließen, hatte Russland aufgehört, ihnen ihr Öl zu diesen Rabatten zu verkaufen. Die baltischen Staaten, die die Eurozone am frühesten verließen, erlebten einen erheblichen Anstieg der Energiepreise, die Russland ihnen in Rechnung stellte, bis zu dem Punkt, an dem sie vom Kauf russischen Öls zu Weltmarktpreisen auf den Kauf russischen Öls umsteigen würden. Es war fast 80% Unterschied. Ein Rückgang des Handels mit Russland war sicherlich ein Nachteil für ehemalige Sowjetstaaten, die die Rubelzone verließen, aber die Balten glaubten, dass eine nationale Währung ein Grenzzaun zu Russland sei. Andere Organisationen, die positive Gefühle gegenüber dem ehemaligen Establishment aufrechterhielten, wollten, dass die Rubelzone erhalten bleibt. Viele große Konzerne wollten ohne ernsthafte Konkurrenz handeln und über eine Zentralbank bezahlt werden. Es war auch so, dass viele internationale Organisationen wie die EU den Austritt aus der Rubelzone befürworteten, um eine gemeinsame Währungszone für Europa zu schaffen, obwohl dies nicht nachhaltig war. Dies war vielleicht ein Hinweis auf die damaligen europäischen Interessen, die nach alternativen Methoden des Bankwesens ohne Zentralisierung suchten. Dies war jedoch wohl ein weit hergeholtes Ziel, da meist behauptet wurde, monetäre Effizienz sei nur durch eine die Währung ausgebende Zentralbank möglich. Aber in Russland gab es damals, direkt nach dem Zusammenbruch der Sowjetunion, 15 verschiedene Zentralbanken, die eine sehr schnelle monetäre Expansion einleiteten. Jede Bank erkannte, dass ihr Anteil am BIP umso größer war, je mehr Rubel sie ausgaben. Aber als das Angebot an Rubel zunahm, stiegen die

Der Fall des US-Dollars

Preise und die Inflation würde zunehmen. 1992 lag die Inflation in den Ländern der ehemaligen Sowjetunion zwischen 640 und 3000 %. Unter den in der Rubelzone verbleibenden Nationen betrug die Inflation 1993 bis zu 11000 %. Die baltischen Staaten, die die Zone im Sommer 1992 verließen, konnten die Extreme eines Inflationsszenarios vermeiden, weil sie mit einer unabhängigen nationalen Währung die Höhe ihrer Kreditvergabe begrenzen konnten. Anderen ehemaligen sowjetischen Beamten fehlten jedoch Kenntnisse der Geldwirtschaft und sie glaubten, dass Kredit kein Geld sei, und gingen daher davon aus, dass sie einfach die Menge des Gelddruckens reduzieren könnten, um die steigende Inflation einzudämmen. Aber die Druckmaschinen waren nur in Russland. Die anderen ehemaligen Sowjetstaaten mussten sich mit den Banknoten begnügen, die sie noch in ihrer Wirtschaft umlaufen ließen. Sollte es also zu einer Inflation kommen, würden sie bei steigenden Preisen mit schweren Bargeldknappheiten zurückbleiben. Infolgedessen begannen viele der nichtrussischen ehemaligen Sowjetstaaten, ihre eigenen Rubel-Ersatzwährungen zu drucken. Dies führte jedoch nicht zu einem radikalen Eingriff in die Geldpolitik. Russland unterhielt bei allen ehemaligen Sowjetstaaten Überschusskonten und stellte den größten Teil ihrer Finanzierung zur Verfügung. Die Zentralbanken dieser ehemaligen Sowjetstaaten würden normalerweise ihre Schulden gegenüber Russland durch die Vergabe weiterer Rubelkredite zurückzahlen. Nach Angaben des IWF entfielen 1992 91 % des BIP Tadschikistans und 70 % des BIP Usbekistans auf russische Finanzierung. Für Turkmenistan, Georgien und Armenien machten russische Finanzierungen etwa 50 % ihres BIP aus. Für Belarus und Moldawien machten die russischen Mittel nur 10 % ihres BIP aus. Diese Höhe der Finanzierung war für Russland, das mit seinen eigenen finanziellen Problemen zu kämpfen hatte, nicht mehr tragbar. Russland würde daher die Geldpolitik straffen und die Kreditvergabe an diese Nationen einschränken. Dies führte zu einer Zahlungsrückstandskrise. Zahlungsrückstände sind Schulden zwischen Unternehmen. Die Hintergründe dieser Krise lassen sich durch das zentralisierte Zahlungssystem der Sowjetunion nachvollziehen, in dem jede Zahlung über die Zentralbank laufen müsste. Zu einem bestimmten Zeitpunkt war die Anzahl der Unternehmen in der Sowjetunion minimal, sodass die Anzahl der Zahlungen begrenzt war, aber als die Anzahl der Unternehmen in der Sowjetunion zunahm, nahmen auch die Zahlungsverzögerungen zu. Normalerweise waren sich Staatsunternehmen sicher, dass der Staat irgendwann dazu kommen würde, ihre Schulden zwischen den Unternehmen zu begleichen. Diese Schulden wuchsen weiter, da die Unternehmen die Vorräte weiter produzierten und verkauften und manchmal keine sofortige Gegenleistung erwarteten, da sie davon ausgingen, dass die Regierung sie schließlich bezahlen würde. Oft wurden diese Zahlungsrückstände mit dem Ziel orchestriert, Geld von der Regierung abzuschöpfen, im Wesentlichen um die Zentralbank um eine Geldausgabe zu bitten. Und so funktionierte das System typischerweise in der Planwirtschaft der alten Sowjetunion. Als Russland begann, Strafen zu verhängen, konnten diese Unternehmen keine Käufer finden, und viele dieser Unternehmen verbrauchten Energie und waren auf Rohstoffe angewiesen. Wenn sie also keine Käufer für ihre Vorräte finden könnten, hätten sie kein Geld, um die für die Produktion benötigten Energievorräte zu kaufen. Normalerweise würden diese Unternehmen eine Finanzspritze von den Zentralbanken anstreben, aber damals, Anfang 1992, versuchte Russland, die Fiskalpolitik zu straffen. Als sich die Zahlungsrückstandskrise verschärfte, hatten die Zentralbanken keine andere Wahl, als die Geldpolitik zu lockern, was zu einer hohen Inflation führte. Im Januar 1992 betrug die Verschuldung zwischen Unternehmen in Russland etwa 37 Milliarden Rubel, und im Juli desselben Jahres war das Volumen der Verschuldung zwischen Unternehmen auf 3,2 Billionen gestiegen. Die Zahlungsrückstandskrise hätte systemische Auswirkungen auf die russische Wirtschaft, da der Gouverneur der Zentralbank Russlands, Georgy Matyukhin, durch Viktor Gerashchenko ersetzt würde. Die durch die Intervention verursachte Inflation führte zum Rücktritt von Yegor Gaydar. Diese vor Juli 1992 eingeführten Maßnahmen zur Verringerung der Zahlungsrückstände waren möglicherweise kontraintuitiv, und viele Unternehmen ignorierten diese Programme, die von den Unternehmen strenge Budgetbeschränkungen verlangten, um ihre Produktionskosten durch Einnahmen aus dem Verkauf ihrer Produkte zu decken oder aus anderen Finanzierungsquellen. Da die Unternehmen in den ehemaligen Sowjetstaaten glaubten, dass ihr Geschäft in Zukunft staatliche Subventionen erhalten würde, war die Kreditaufnahme zwischen Unternehmen weiter verbreitet und wichtiger als andere Formen der Finanztätigkeit, und das daraus resultierende Wachstum dieser Tätigkeit brachte die russische Wirtschaft fast zum Erliegen ein Halt. Business-to-Business-Kredite sind eine Form von Handelskrediten, die nicht per se ein systemisches Problem für ein Wirtschaftssystem darstellen. Beispielsweise beliefen sich die US-Handelskredite an Nichtfinanzinstitute im ersten Quartal 1992 auf 973 Milliarden Dollar. Tatsächlich leihen sich Unternehmen der gewerblichen Wirtschaft ziemlich regelmäßig Kredite von ihren Lieferanten und Kunden. Aber in der Sowjetunion wurden eine Reihe von Unternehmen staatlich subventioniert, was es den Unternehmen erleichterte, mehr Kredite aufzunehmen, vorausgesetzt, sie wurden schließlich von der Zentralbank gerettet. In den USA werden extrem hohe Zinsen verlangt, um das Risiko eines Unternehmenskredits zu unterstreichen. Dies ist anders als in Russland, wo der Zinssatz für die Kreditaufnahme zwischen Unternehmen bei null lag. Das Wachstum der Verschuldung zwischen Unternehmen in Russland im Jahr 1992 erstickte Währungsreformen, die darauf abzielten, wirtschaftliche Probleme zu lösen.

Als die russische Zentralbank als Reaktion auf die Zahlungsrückstandskrise die monetäre Expansion vorantrieb, zeichnete sich ab, dass die russische Zentralbank nicht in der Lage sein würde, die anderen Ex-Sowjetstaaten weiter zu finanzieren. Während die russische Regierung versuchen würde, einzugreifen, indem sie die Kreditausweitung eindämmte, blieb CBR-Gouverneur Viktor Gerashchenko an einer weiteren Kreditausweitung interessiert. Im April 1993 stoppte die russische Regierung jedoch die technische Kreditvergabe an ehemalige Sowjetstaaten und erlaubte nur zwischenstaatliche Kredite, jedoch nur aus dem russischen Haushalt. Im Juli 1993 endete die Rubelzone, als der CBR-Gouverneur erklärte, dass alle sowjetischen Banknoten bis Ende des Monats wertlos sein würden. Dies löste in der ehemaligen Sowjetunion eine Panik aus, und viele Menschen eilten zu den Banken, um ihre alten sowjetischen Banknoten abzuheben, damit sie sich beeilen und Artikel kaufen konnten, bevor der Wert Ende Juli 1993 ablief. Dies markierte das Ende der Rubelzone wie alle früheren Die Sowjetstaaten würden sich aus der Rubzone zurückziehen und ihre eigene Landeswährung einführen. Einzige Ausnahme war Tadschikistan, das in innere Unruhen, Kriege und Konflikte verwickelt war. Die Währungskrisen von 1993 führten dazu, dass 7 von 12 ehemaligen Sowjetrepubliken unter einer höheren Inflation als 1992 litten. 1994 und 1995 begann die Inflation zu sinken, und rückblickend wird angenommen, dass die Beendigung der Rubelzone am besten funktioniert hat. Aber im Nachhinein fragt man sich bei dem flüchtigen Übergang, ob das Chaos hätte vermieden werden können. Die Hyperinflation, die auf den Zusammenbruch der Sowjetunion folgte, zerschmetterte schließlich die Wirtschaft. Das BIP in den 12 ehemaligen Sowjetstaaten brach um durchschnittlich 50 % ein. Die baltischen Staaten erlitten jedoch nur einen Rückgang des BIP um 44%, da sie die Rubelzone frühestens verließen. Schlechte Planung nach dem Zusammenbruch der Sowjetunion führte zwischen 1991 und 1994 zu einem Handelseinbruch von 70 % zwischen den ehemaligen Sowjetländern. Rumänien und Bulgarien hätten zwar auch wirtschaftlich gelitten, hätten aber viel schlimmer gelitten, wenn sie die Rubelzone nicht verlassen hätten. Mit Blick auf die baltischen Staaten wird deutlich, dass ein schnellstmögliches Verlassen der Rubelzone die beste Lösung gewesen wäre und die eingetretene wirtschaftliche Katastrophe verhindert hätte.

Währungszonen wie die Rubzone sind weit verbreitet. Die EU hat eine Eurozone und viele kleine Volkswirtschaften ziehen es tatsächlich vor, ihre Währung an eine große Volkswirtschaft zu koppeln, um wilde Währungsschwankungen zu vermeiden. Tatsächlich sind eine Reihe von unabhängigen Währungen, die auf dem Markt zirkulieren, die Ausnahme von der Regel. Schon die wirtschaftliche Wachstumsphase in den Jahren vor dem Ersten Weltkrieg bestand aus zwei Währungsräumen. Eine davon war die Lateinische Währungsunion, die 1865 begann und bis 1927 bestand. Die Mitgliedsstaaten dieser Union waren Frankreich, Belgien, Italien und die Schweiz und später Spanien, Griechenland, Rumänien, Bulgarien, Serbien und Venezuela. Die andere Währungsunion war die Skandinavische Währungsunion, die 1873 gegründet wurde und bis 1914 bestand. Die Nationen, die Teil dieser Union waren, waren Schweden, Dänemark und Norwegen. Beide Gewerkschaften brachen zusammen, als eine der Nationen innerhalb dieser Gewerkschaften ihre Währung abwertete. Für die Lateinische Währungsunion war es Griechenland. Für die Skandinavische Währungsunion war es Schweden. Sowohl die Lateinische Währungsunion als auch die Skandinavische Währungsunion unterschieden sich von der Europäischen Währungsunion dadurch, dass die monetäre Zusammenarbeit der ersteren auf dem Goldstandard basierte und jedes Land seine eigene Zentralbank unterhielt. Andere Beispiele für Währungsunionen sind die Östliche Karibische Währungsunion, die Westafrikanische Wirtschafts- und Währungsunion und die Zentralafrikanische Wirtschafts- und Währungsunion. Die ostkaribische Währungsunion wurde 1983 gegründet und besteht aus 9 karibischen Ländern – Anguilla, Antigua und Barbuda, Dominica, Grenada, Montserrat, St. Kitts und Nevis, St. Lucia und St. Vincent und die Grenadinen. Ihre Währung ist an den US-Dollar gekoppelt; und die Union unterhält eine gemeinsame Zentralbank, die East Caribbean Central Bank. Allerdings betreibt die Zentralbank in ihrem Fall keine Geldpolitik.

Die Westafrikanische Wirtschafts- und Währungsunion besteht aus 8 westafrikanischen Ländern, während die Wirtschafts- und Währungsunion von Zentralafrika aus 6 Mitgliedstaaten besteht. Sowohl die Wirtschafts- und Währungsunion von Zentralafrika als auch die Wirtschafts- und Währungsunion von Westafrika, ehemalige französische Kolonien, verwenden den afrikanischen Franc seit 1945, und beide Gewerkschaften haben eine Zentralbank – die Bank der zentralafrikanischen Staaten und die Zentralbank von Westafrikanische Staaten. Der afrikanische Franc war zuvor an den französischen Franc gekoppelt, bevor er an den Euro gekoppelt wurde. Es wurde 1948 und 1994 abgewertet.

Wir können uns auf diese obigen Beispiele beziehen und sehen ganz deutlich, dass Währungsunionen weit verbreitet sind. Und für die Gewerkschaften kleinerer Länder basierte die gemeinsame Währung entweder auf dem Goldstandard, dem Dollar oder dem Euro. Währungsunionen, die auf einer Fiat-Währung basieren, verfolgen tendenziell einen anderen Ansatz. Dies war der Fall für die österreichisch-ungarische Monarchie im Jahr 1918, Juslawien im Jahr 1990 und die ehemaligen Sowjetstaaten von 1991 bis 1993. Nach dem Ersten Weltkrieg befand sich die österreichisch-ungarische Monarchie auf einer Todesspirale ohne Aussicht auf eine Erholung. Die verbleibenden Komponenten der Zentralregierung hatten sich durch enormes Gelddrucken finanziert und taten dies auch nach der Unterzeichnung des Waffenstillstands im November 1918. Im Oktober des nächsten Monats würde Ungarn die Geldausgabe ausweiten und es würde zu einem Währungswettbewerb zwischen den Ungarn kommen Österreichisch-ungarische Staaten. Zu diesem Zeitpunkt beschloss die Tschechoslowakei, ein weiterer österreichisch-ungarischer Staat, die in ihrem Land umlaufenden Banknoten nach der Schließung ihrer Grenzen zu stempeln. Danach setzte die Tschechoslowakei eine straffe Geldpolitik durch und vermied eine Hyperinflation. Österreich, Ungarn und Polen ergreifen dagegen keine ernsthaften geldpolitischen Maßnahmen und würden daher eine schwere Hyperinflation erleiden.

In den 1980er Jahren, nach dem Tod von Präsident Tito im Jahr 1980, zerfiel Jugoslawien langsam inmitten eines instabilen Wirtschaftssystems. Slowenien, Kroatien und 2 nördliche Republiken wiesen gegenüber Serbien Kontoüberschüsse auf. 1991 erhöhte die von der serbischen Regierung verwaltete Nationalbank von Jugoslawien die Geldausgabe zugunsten der serbischen Wirtschaft, was sich auf den Wert des jugoslawischen Dinars auswirkte. Infolgedessen erklärte Slowenien sofort die Unabhängigkeit von der Republik Jugoslawien, teilweise um seine eigene finanzielle Gesundheit zu schützen. Kurz darauf befand sich Jugoslawien in einem 10-tägigen Konflikt im Krieg mit Slowenien, dem Slowenien folgte, das sich von der jugoslawischen Republik abwandte. Slowenien trennte sich sowohl politisch als auch finanziell von Jugoslawien. Kroatien würde nachziehen, geriet aber in einen heftigen Konflikt mit Serbien. In der Zwischenzeit traf die Hyperinflation die Volkswirtschaften der verbleibenden Länder der jugoslawischen Republik. Diese Nationen waren Bosnien und Herzegowina und Serbien. Diese

Der Fall des US-Dollars

Hyperinflation fiel mit dem Zusammenbruch der Rubelzone zusammen, und insgesamt würde es in Österreich-Ungarn, Jugoslawien und der UdSSR 28 Fälle von Hyperinflation geben. Damit wurde unterstrichen, dass die Auflösung eines Währungsraums schwerwiegende Folgen hat. Während das Beispiel des Austritts der baltischen Staaten aus der Rubelzone darauf hindeutet, dass ein schneller Austritt empfohlen wird, besteht immer noch die Möglichkeit eines geopolitischen Rückzugs, wie dies der Fall war, als Slowenien die Unabhängigkeit von der jugoslawischen Republik anstrebte, bevor es von Jugoslawien angegriffen wurde. Viele der Zusammenbrüche waren unerwartet, und die sich daraus ergebende Kette von Ereignissen war weitaus verheerender, als irgendjemand damals hätte vorhersagen können. Insofern können diese Ereignisse nicht als unabhängig von zeitgenössischen Zeitrahmen abgetan werden. Tatsächlich waren diese Währungszonen von Österreich-Ungarn, Jugoslawien und der Sowjetunion der derzeitigen Eurozone in der EU sehr ähnlich, da sie echte Währungszonen mit einem gemeinsamen Zahlungssystem und einer gemeinsamen Zentralbank waren und aus mehreren Nationen bestanden Zustände. Daher sind alle drei für die Eurozone in Bezug auf ihre Existenz und Zerstörung sehr relevant. Diese Währungszonen bestehen aus einem gemeinsamen Zentralbank- und Zahlungssystem und sind so aufgebaut, dass der Ausfall eines von ihnen negative systemische Folgen für die betroffenen Volkswirtschaften hat. Wenn das gemeinsame Zahlungssystem nicht mehr funktioniert, wird es wahrscheinlich zu Liquiditätsengpässen kommen, wie es während der Finanzkrise 2008 der Fall war, als Lehman Brothers im September desselben Jahres Insolvenz anmeldete.

Eines ist klar, Währungszonen scheitern, wenn es keine einzige Zentralbank gibt, die der einzige Emittent von Währungen ist. Aber selbst wenn dies etabliert ist, kann es immer noch Wettbewerb zwischen den Mitgliedstaaten geben, was dazu führt, dass Nationen, die Teil einer Zone sind, sich dafür entscheiden, ihre Währungen zu prägen und die Währungsunion zu verlassen. Daher muss jede zentrale Kontrolle durch einen sehr soliden Konsens zwischen den Mitgliedstaaten aufrechterhalten werden, sonst droht die Zone zusammenzubrechen. In diesen vorherigen Beispielen hat die primäre Zentralbank ihre Pflichten missachtet und sich fiskalisch unverantwortlich verhalten, wodurch die fiskalisch verantwortungsbewussteren Nationen gezwungen wurden, die Zone im Namen der Selbstverteidigung zu verlassen. In der Eurozone ist die Europäische Zentralbank der Hauptlieferant von Euro-Banknoten, aber Forderungen nach einer lockereren oder strafferen Geldpolitik durch die Mitgliedsstaaten könnten die maßgebliche Position der Europäischen Zentralbank bei der Geldausgabe in Frage stellen. In Deutschland, der Volkswirtschaft Nummer eins in der Eurozone, war dies einige Jahre lang der Fall. Da die deutschen Bürger lieber sparen als ausgeben, hat Deutschland die EZB wegen ihrer lockeren Geldpolitik angegriffen. Deutschland befürchtete, dass die niedrigen Zinsen der EZB den Spar- und Altersvorsorgeplänen in Deutschland schaden würden. Wenn es eskaliert und Deutschland die Eurozone verlässt, ist absehbar, dass die neue Währung steigt und den Wert des Euro übersteigt. Je nachdem, wie stark die neue Währung aufwertet, könnten Deutschlands Exportmärkte ernsthaft in Mitleidenschaft gezogen werden. Aber im Inland könnte die stärkere Währung Dingen wie Inlandsschulden zugute kommen, die auf einen theoretisch schwächeren Euro lauten würden. Andererseits wären, wie wir in den Fällen Österreich-Ungarn, Jugoslawien und der UdSSR (Sowjetunion) gesehen haben, die verbleibenden Mitgliedstaaten der Eurozone einem Inflationsrisiko ausgesetzt, da Euros aus Deutschland in andere EU-Mitgliedstaaten fließen und die Inflation erhöhen würden Geldmenge und Inflationsrisiko steigen. Für Mitgliedsstaaten, die einen Währungsraum verlassen, besteht die Gefahr einer Deflation. Die verbleibenden Mitgliedsstaaten des Währungsraums sind grundsätzlich dem Risiko eines hyperinflationären Zusammenbruchs ausgesetzt.

Target 2 heißt das gemeinsame Zahlungssystem der Eurozone, mit dem Zentralbankgeld elektronisch zwischen den nationalen Zentralbanken innerhalb der Eurozone transferiert wird. Das Target 2-System verfolgt elektronische Euro-Transaktionen zwischen den Zentralbanken der Länder der Eurozone. Bis zur Eurokrise wurden Target 2-Salden über den privaten Interbankenmarkt abgewickelt. Vor der Pleite von Lehman Brothers konnten Banken den Rückgang der Kundeneinlagen ausgleichen, indem sie entsprechende Beträge auf den Interbankenmärkten aufnahmen. Aus diesem Grund stiegen die Target 2-Salden erst 2008. Der Zusammenbruch von Lehman Brothers im Jahr 2008 führte jedoch zu großem Misstrauen an den Interbankenmärkten. Das Ereignis verringerte die Nutzung dieser Betriebsart und ist der Ausgangspunkt für die Erhöhung der Ziel-2-Salden. Nachdem die Interbankenfinanzierung im Jahr 2011 verflogen war, stiegen die Target-2-Salden in den wirtschaftlich starken Mitgliedsstaaten der Eurozone. In 8 der südlichen Mitgliedsstaaten wurden die Salden negativ. Da viele elektronische Euros nach Deutschland flossen, weil Deutschland viel in andere Mitgliedsstaaten exportierte, die wiederum Deutschland per elektronischem Euro über das Target-2-System bezahlen, hatte Deutschland mehr Forderungen gegen die Europäische Zentralbank geltend gemacht, die die Transaktionen zwischen den Zentralbanken überwacht Ziel 2. Neben diesen deutschen Forderungen an die Europäische Zentralbank hat die Bundesbank viele Euro an Länder der Eurozone in wirtschaftlichen Schwierigkeiten verliehen. Hans-Werner Sinn wies darauf hin, dass das gemeinsame Zahlungssystem der Eurozone im Wesentlichen als Rettungsschirm fungierte, da die Bundesbank Geld an Euro-Mitgliedsstaaten leihe, die in finanzielle Not geraten seien. Hans glaubt, dass der Zusammenbruch der Eurozone inmitten hoher Target-2-Salden es kreditgebenden Nationen wie Deutschland unmöglich machen würde, Kredite einzufordern. Dies würde daher zu Streitigkeiten führen, da die Eurozone keine Notfallstrategie für ein solches Szenario hat. Das ist ähnlich wie in Russland nach dem Ende der Sowjetunion. Russland hat Ansprüche auf Rubelzonen-Kredite geltend gemacht, zu deren Zahlung ehemalige sowjetische Zentralbanken verpflichtet waren. Als die ehemaligen Sowjetstaaten die Rubelzone verließen und ihre eigene Währung einführten, bestand Russland darauf, dass einige von ihnen ihre Verpflichtungen gegenüber der russischen Zentralbank über einen vorher vereinbarten Wechselkurs mit ihrer neuen Währung erfüllen. Auf jeden Fall dürften Austritte aus einem Währungsraum bei anderen Mitgliedern nicht gut ankommen, insbesondere dann, wenn auf Seiten des Austrittslandes noch größere ausstehende Verpflichtungen bestehen. Im Euroraum sind die als elektronische Überweisungen in Ziel 2 eingestuften

Verbindlichkeiten durch andere Vermögenswerte besichert, so dass diese Vermögenswerte, die elektronischen Transaktionen zugrunde liegen, einen Teil der ausstehenden Verbindlichkeiten des austretenden Landes decken würden, wenn ein Land den Euroraum verlassen würde.

Das gemeinsame Zahlungssystem der Rubelzone hieß Kartoteka II. Es verbuchte alle Zahlungen innerhalb der Rubelzone, stieß jedoch auf Probleme, als das Zahlungsvolumen wuchs und unüberschaubar wurde. Die Verschuldung zwischen den Unternehmen begann sich 1992 zu häufen, weil die Unternehmen darauf verzichteten, Zahlungen einzuziehen, da sie wussten, dass sie Subventionen von den Zentralbanken der Bundesstaaten erhalten könnten. Im Wesentlichen ließen die Unternehmen Zahlungsrückstände entstehen, damit sie es rechtfertigen konnten, Zentralbanken zu bitten, Geld auszugeben. Irgendwann stimmten die Zentralbanken zu, und so geriet damals die Inflation außer Kontrolle. Der Eurozone hätte eine ähnliche Bedrohung drohen können, wenn sich Deutschland nicht der lockeren Geldpolitik der EZB widersetzt hätte. Weil Deutschland so gut geführt ist, ähnlich wie die Länder, die andere Institutionen der Währungszone verlassen haben, würde auch Deutschland von einem Austritt aus seiner jeweiligen Währungszone, der Eurozone, wirtschaftlich profitieren. Der Austritt der Tschechoslowakei aus Österreich-Ungarn, der Austritt Sloweniens aus Jugoslawien und der Austritt der baltischen Staaten aus der UdSSR kamen diesen Nationen wirtschaftlich zugute und verhinderten einen Großteil der hyperinflationären Szenarien, die die umliegenden Regionen betrafen. Wenn sich die Geschichte im Fall der Eurozone wiederholen soll, dann ist der endgültige Austritt Deutschlands keine Frage des Ob, sondern des Wann. Einige Experten sehen Deutschland jedoch nicht als Kandidaten für einen Austritt aus der Eurozone, da die Nationen, die ihre jeweiligen Währungszonen verlassen haben, nicht nur fiskalisch verantwortlich, sondern auch klein waren, wie in den vorherigen Beispielen. Vor diesem Hintergrund glauben einige Politikexperten, dass, wenn sich die Geschichte wiederholen sollte, Finnland das erste sein könnte, das die Eurozone verlässt, da es eher ein Wohltäter als ein Nutznießer des Eurozonenabkommens ist. Und die Geschichte zeigt, dass das Land, das eine „Zwangswährungszone" am schnellsten verlässt, am besten abschneidet. Es unterstreicht auch ein weiteres Risiko, das von der Instabilität in der Eurozone ausgeht – Nationen könnten entschlossener zum Austritt werden, um diese Kriterien zu erfüllen und wirtschaftliche Risikofaktoren auszugleichen. Denkbar ist auch eine Alles-oder-Nichts-Lösung, dh wenn ein Währungsraum kurz vor dem Zusammenbruch steht, könnte ein gleichzeitiger Austritt aller Nationen von Vorteil sein.

Der Fall des US-Dollars

Kapitel 8: Bitcoin

Die Finanzkrise von 2008 und die darauffolgenden Rettungsmaßnahmen ließen den Pessimismus in Bezug auf die Zentralbanken und ihr Monopol auf die Geldausgabe wieder aufleben. Debatten über die Kontroverse um das Rettungspaket 2008 führten zur Schaffung von Bitcoin und schließlich zu Dutzenden anderer digitaler Assets. Die Fiat-Währungen der Nationalstaaten trafen mit Bitcoin und der Kryptoindustrie auf einen potenziellen Konkurrenten, was zu einem verstärkten Diskurs über die Möglichkeit einer bargeldlosen Gesellschaft führte. Diese Diskussion über eine bargeldlose Gesellschaft geht tatsächlich auf die Anfänge des Internets vor über 20 Jahren zurück, und viele Ökonomen und Banker dachten damals über die Möglichkeit nach, dass die Informationstechnologie die Notwendigkeit von Zentralbanken und Papiergeld beseitigen könnte. Bis heute hat die Ausweitung der Kryptowährung eine erneute Diskussion über Alternativen zum Bargeld und einen geringeren Bedarf an einer Zentralbank ausgelöst. Aber die mit Kryptowährungen verbundene Volatilität und das Risiko, wie zahlreiche Fälle von Betrug, Geldwäsche, Zusammenbrüchen von Krypto-Börsen und illegalen Aktivitäten belegen, haben Argumente gegen die langfristige Nachhaltigkeit von Kryptowährungen glaubhaft gemacht. Nichtsdestotrotz haben die Zentralbanken einen zunehmenden Druck durch den Aufstieg der Kryptowährungen verspürt. Laut der Juniausgabe 2018 des Finance and Development Journal sind Kryptowährungen „digitale Wertdarstellungen, die durch Fortschritte in der Kryptografie und der Distributed-Ledger-Technologie ermöglicht werden. Sie sind in eigenen Rechnungseinheiten und können ohne Zwischenhändler Peer-to-Peer übertragen werden."

Der Wert von Bitcoin und Kryptowährungen ergibt sich aus der Aussicht, mit ihnen Einkäufe tätigen oder sie gegen andere Fiat-Währungen eintauschen zu können. Letzteres ist ein weiterer Faktor, der es den USA ermöglicht hat, ihre entgegenkommende Geldpolitik fortzusetzen, da der Wert von Bitcoin von der Aussicht bestimmt wird, dass es in Fiat-Währungen umgetauscht werden kann, was wiederum die Nachfrage nach Fiat-Währungen erhöht, da Bitcoin-Inhaber versuchen würden, sie zu liquidieren. Dies gilt sowohl für Produzenten als auch für Konsumenten. Trotz der Bitcoin-Bedrohung müssen eine Reihe von Nationen die Kryptowährung noch verbieten, und wahrscheinlich, weil Kryptowährungen den Wert der Fiat-Währung stützen können, da viele Bitcoin-Inhaber keinen anderen Wert in der Kryptowährung sehen als die Tatsache, dass sie legal eingetauscht werden können Ausschreibung jederzeit. Daher sind Nationen besorgt, sie einzuschränken – dadurch würden sie ihre eigene Währung von einer Nachfrage disqualifizieren, die der Bitcoin-Markt befeuert, während konkurrierende Währungen anderer Nationen Bitcoin verwenden könnten, um den Wert ihrer Landeswährung zu stützen. Dies ist wahrscheinlich der Grund dafür, dass Russland den Rubel so schnell erholte, nachdem nach seiner Invasion in der Ukraine im Jahr 2022 internationale Sanktionen gegen ihn verhängt wurden. Sie kauften einfach Dutzende von Bitcoins auf und liquidierten sie kurz darauf für Rubel. Ein weiterer Faktor ist, dass weit vom Land entfernt lebende Verwandte von Russen ihre Verwandten nur durch Bitcoin-Transaktionen finanziell unterstützen könnten. Dieser Zufluss von Krypto korrelierte wahrscheinlich mit einer erhöhten Nachfrage nach Rubel und erhöhte seinen Wert wesentlich. Die meisten Nationen sind sich bewusst, wie Kryptowährungen den Wert ihrer Landeswährung unterstützen können. Und dies wird der Fall sein, solange Bitcoin volatil bleibt.

Auf der anderen Seite stellt eine Form der Kryptowährung namens Stablecoin eine echte Bedrohung für die nationalen Währungen dar, da Stablecoins so konzipiert sind, dass Anleger eher ermutigt werden, die Kryptowährung für längere Zeit zu halten. Mit Stablecoin wird die Volatilität deutlich reduziert, was mit einer geringeren Nachfrage nach Fiat-Währungen korrelieren würde, eine Aussicht, die Kryptowährungen zu einer direkten Konkurrenz zu Fiat-Währungen machen könnte. Dies steht im Gegensatz zu instabilen volatilen Kryptowährungen, die Fiat-Währungen aufgrund einer höheren Liquiditätsnachfrage unterstützen können. Stablecoins bringen die Zentralbanken in eine sehr prekäre Lage. Ende 2019 kündigte Facebook Inc. seine Kryptowährungsinitiative namens Libra an, bei der es sich um eine „Stablecoin" handeln würde, die durch mehrere gesetzliche Zahlungsmittel unterstützt wird, um die wilden Preisschwankungen abzumildern, die derzeit normale Bitcoins/Kryptowährungen betreffen. Diese Ankündigung stieß auf starken Widerstand der globalen Finanzgemeinschaft, da sie das derzeitige globale Finanzsystem untergraben/stören könnte. Viele Länder haben offen erklärt, dass die Verwendung von Libra in ihrem Land verboten würde. Andere Länder haben vorgeschlagen, Libra frontal zu bekämpfen, indem sie ihre eigene staatlich unterstützte Stablecoin auf den Markt bringen. Anstelle eines offenen dezentralen Blockchain-Netzwerks von Minern zur Verifizierung von Kryptowährungstransaktionen wäre die Libra-Kryptowährungs-Blockchain von einer privaten Vereinigung verwaltet worden, was noch mehr Grund für eine Verifizierung bietet. Eine solch negative Reaktion auf die Initiative internationaler Finanzinstitute führte kurz darauf zum Niedergang von Libra, da Facebook die Initiative abbrechen würde.

Kapitel 9: Deutschlands Übernahme der NATO und der Europäischen Zentralbank

Nach der russischen Invasion in der Ukraine am 24. Februar 2022 kündigte Bundeskanzler Olaf Scholz die Absicht Deutschlands an, seine Militärausgaben zu erhöhen, und versprach, 100 Milliarden Euro für den deutschen Verteidigungshaushalt für 2022 bereitzustellen. Sie einigten sich auch darauf, das Ziel von 2 % zu erreichen. ihres BIP in Verteidigungsausgaben investieren, um die NATO-Kriterien zu erfüllen. Die neue Ausgabeninitiative, kündigte Olaf in einer Sitzung des Deutschen Bundestages an, würde ein Rüstungsprojekt finanzieren, das das deutsche Militärarsenal erweitern würde. Scholz erklärte auch, dass Deutschland versuchen werde, Waffen an die Ukraine zu liefern, um ihr zu helfen, die russische Invasion abzuwehren. Scholz erklärte den Abgeordneten: "Mit seinem Angriff auf die Ukraine will Putin nicht nur ein Land von der Weltkarte tilgen, er zerstört das europäische Sicherheitsgefüge." Mit dem Potenzial Russlands, seine militärischen Ziele zu erweitern, hat Deutschland ein größeres Gefühl der Dringlichkeit, sich mit den Mitteln zur Verteidigung seiner Sicherheit zu bewaffnen. Diese Ankündigung erfolgte ein Jahr, nachdem Deutschland im Jahr 2021 eine Rekordsumme für den Aufbau seiner militärischen Fähigkeiten ausgegeben hatte. Ein Großteil dieser erhöhten Ausgaben ist nicht nur auf die russische Invasion zurückzuführen, sondern auch auf Drängen anderer NATO-Mitglieder wie der Vereinigten Staaten, die Deutschland für eine solche hielten nicht genug in die Verteidigung investiert. Einige Jahre lang fühlten sich die USA in der Nato-Politik überfordert. Aber dieser Schritt der Nato, Deutschland nicht nur zur Aufrüstung zuzulassen, sondern sie auch zu fördern, ist weit entfernt von den Befürchtungen, die von der deutschen Wiedervereinigung nach dem Zusammenbruch der Sowjetunion ausgingen. Damals waren viele westliche Länder angesichts dieser Aussicht alarmiert, und jetzt ist klar, dass das Gefühl der Dringlichkeit um Deutschland als geopolitische Kraft nachgelassen hat. Weil Deutschland eine sehr konservative Nation und die beste Wirtschaft in der Eurozone war, stehen viele Gesetzgeber Scholz' Schritt, die Staatsausgaben zu erhöhen, kritisch gegenüber.

Wenn Deutschland in den nächsten Jahren sowohl wirtschaftlich als auch militärisch einen Großteil der Lasten in der Eurozone trägt, ist es möglich, dass Deutschlands Ungeduld gegenüber der Europäischen Zentralbank (EZB) in den kommenden Jahren zunehmen wird. Die größte Beschwerde Deutschlands gegenüber der EZB ist ihr anhaltendes Beharren auf einer sanften Geldpolitik. Da die Preise in Deutschland ab 2022 steigen, besteht die Bundesbank darauf, dass die EBC die Zinsen erhöht, um die Inflationsrisiken zu verringern. Viele argumentieren, dass eine Zinserhöhung den Euro stärken und die Energiekosten senken würde, da die meisten Energierohstoffe in US-Dollar gehandelt werden. Deutschlands Gläubigerstärke in der Eurozone, kombiniert mit einer wachsenden Fähigkeit, die Sicherheit der Eurozone aufrechtzuerhalten, wird nur zu seiner „institutionellen Macht" beitragen, die Eurozone im Einklang mit Deutschlands eigenen fiskalischen Präferenzen zu steuern. Daher dürfte Deutschland seine Verhandlungsmacht als Hauptgläubiger der Eurozone nutzen, um mehr Einfluss auf die EZB-Politik zu gewinnen. Sollte sich dies nicht in gewissem Umfang manifestieren, könnte Deutschland motiviert werden, andere Maßnahmen zu ergreifen, um die EZB dazu zu bringen, die strategischen Ziele der Bundesbank einzuhalten. Aus diesem Grund ist es wahrscheinlich, dass Deutschland versuchen würde, zwei wichtige Ergebnisse zu erzielen, bevor es ein Abkommen mit Saudi-Arabien anstrebt, bei dem Saudi-Arabien Öl für Euro verkaufen würde, im Austausch dafür, dass Deutschland Saudi-Arabien militärisch unterstützt. Diese beiden Hauptergebnisse würden die Zementierung der deutschen Kontrolle über die Europäische Zentralbank umfassen, entweder durch eine Art politische Vereinbarung, ein Referendum der Mitgliedstaaten der Eurozone oder die völlige Verstaatlichung der Europäischen Zentralbank und des Euro für das, was Deutschland als Notfall betrachtet. Da immer mehr Kunden in den Ländern der Eurozone ihre Euros weg von den Zentralbanken ihres eigenen Landes und in die Bundesbank verschieben, werden Deutschland mehr Forderungen gegen die EZB wachsen, was ein weiteres Argument rechtfertigen wird, dass Deutschland mehr Einfluss auf die EZB-Politik haben sollte.

Der Fall des US-Dollars

Kapitel 10: Ende des US Unipolar Moments

Als die Sowjetunion 1991 zusammenbrach, hatten die Vereinigten Staaten den Status einer alleinigen Supermacht erlangt. Vom Zweiten Weltkrieg bis zu diesem Zeitpunkt konnten die USA behaupten, Faschismus und Kommunismus besiegt zu haben. Und um ihren Status zu bestätigen, besiegten die USA die irakische Armee während des Golfkriegs von 1991 über einen Zeitraum von 5 bis 6 Wochen, was beeindruckend ist, wenn man bedenkt, dass der Irak zu dieser Zeit die viertgrößte Streitmacht der Welt war. Amerika war unantastbar, und nach dem Zusammenbruch der Sowjetunion konnten die Vereinigten Staaten ihre außenpolitische Agenda ohne nennenswerte Einmischung einer anderen Nation verfolgen, jetzt, wo Moskau aus dem Weg war. Demokratie war nun die offizielle Rechtfertigung für die US-Außenpolitik. Als Bill Clinton kurz nach dem Zusammenbruch der Sowjetunion Präsident wurde, begann seine Regierung einen Diskurs darüber, wie der Zusammenbruch der Sowjetunion den Vereinigten Staaten zugute kommen sollte. Viele außenpolitische Experten wollten, dass die USA zu ihrer alten nicht-interventionistischen Außenpolitik zurückkehren und Zurückhaltung üben. Während Clintons erster Amtszeit als Präsident der Vereinigten Staaten schrieb eine Reihe von MIT-Akademikern und -Professoren einen Artikel über die Interessen der USA. Darin behaupteten sie, dass eine interventionistische und globalistische Agenda den Interessen der USA zuwiderlaufe, und argumentierten, dass die multilateralen Beziehungen der USA in Übersee nur minimalen Nutzen bringen würden. Ihrer Ansicht nach könnten die USA der heimischen Wirtschaft zugute kommen, indem sie ihr militärisches Engagement an der internationalen Front reduzieren und Geld sparen, das zu Hause für Themen wie Haushaltsdefizite, Infrastruktur und Rassenbeziehungen verwendet werden könnte – die alle während des Jahres weniger Priorität hatten Kalter Krieg. Sie meinten, ein US-Einsatz im Ausland würde nur zu Kriegsmüdigkeit führen. Ein weiterer in dem Artikel erwähnter Faktor betraf die NATO, eine internationale Organisation, von der sie glaubte, dass sie ihren Zweck bereits erfüllt hatte, indem sie sowjetische Expansionsambitionen abschreckte. Mit dem Zusammenbruch der Sowjetunion erfüllte die NATO keinen wirklichen Zweck mehr, was über die Notwendigkeit hinwegtäuscht, dass die USA ihre militärische Unterstützung für europäische Länder fortsetzen müssen. In diesem Ausblick argumentierten sie, dass die USA die Last internationaler Sicherheitsfragen schultern würden, selbst wenn eine direkte US-Intervention unnötig wäre. Trotz dieses Drängens von Akademikern, Gelehrten und außenpolitischen Experten haben die USA ihre internationalistische Agenda und die Förderung der Demokratie auf der ganzen Welt weiter vorangetrieben. Clinton verfolgte weiterhin die Entwicklung einer multilateralen Außenpolitik auf der Grundlage der Förderung von Menschenrechten und demokratischen Werten. Er wandte sich an die Vereinten Nationen und suchte die Zusammenarbeit bei der Friedenssicherung. Während Clinton einen internationalen Rahmen verfolgte, in dem die USA ihre militärischen Fähigkeiten einsetzen würden, um in humanitären Krisen einzugreifen, wollte er nicht, dass die USA die Probleme der Welt einseitig lösen. Während Clintons Amtszeit nicht bereit war, die USA tatenlos zusehen zu lassen, ordnete er 1993 eine amerikanische Militärintervention in Somalia, 1995 in Bosnien und 1999 im

Der Fall des US-Dollars

Kosovo an. Die USA bestanden auch darauf, ihren geopolitischen Vorteil gegenüber anderen potenziellen Konkurrenten aufrechtzuerhalten wie China und Russland, die in den USA ein Gefühl der Dringlichkeit kultivierten, ihre Militärtechnologie und -fähigkeiten weiter zu verbessern. Clintons Opposition, die Republikanische Partei, stand seinem multilateralen Ansatz jedoch ablehnend gegenüber, und als George W. Bush im Jahr 2000 für das Präsidentenamt kandidierte, gelobte er, die USA aus dem UN-Einfluss zu entfernen, und er hasste auch die Idee, dass US-Truppen unter dem Einfluss operieren der Vereinten Nationen sollten sich den UN-Friedenstruppen unterwerfen. Bush befürwortete eine eher einseitige Außenpolitik, und er war auch misstrauisch gegenüber der UNO, da er sie als eine Weltordnung betrachtete, die sich schließlich in die US-Innenpolitik einmischen könnte. Nachdem Bush im Jahr 2000 Präsident geworden war, machte er es sich zum Ziel, die Verteidigungsausgaben fortzusetzen. Er wollte auch aufstrebende Konkurrenten herausfordern und Probleme der nuklearen Proliferation angehen, indem er hart gegen Schurkenregime vorgeht, die möglicherweise versuchen, Massenvernichtungswaffen zu erwerben. Im September 2001, weniger als neun Monate nach Bushs Präsidentschaft, würden die USA einem der schlimmsten Angriffe auf ihrem eigenen Boden gegenüberstehen.

Am 11. September 2001 übernahmen terroristische Entführer von drei Flugzeugen an diesem Tag die Kontrolle über die Flugzeuge und stürzten sie in das World Trade Center in New York City und das Pentagon in Washington DC, wobei 3.000 Menschen getötet wurden. Unter den Getöteten waren 372 Ausländer, 138 von ihnen aus Lateinamerika und der Karibik. Nach den Anschlägen war Amerika entsetzt darüber, dass ein solcher Angriff auf US-Bürger verübt werden konnte, und viele verstanden nicht, wie solch ein Hass gegen die Vereinigten Staaten gehegt werden konnte. Einige führten den Angriff auf extremistische islamische Ideologie zurück, andere auf die US-Außenpolitik für die Stationierung von US-Soldaten in Saudi-Arabien nach dem Golfkrieg. Letzteres war für Muslime, die Saudi-Arabien als heiliges Land betrachten, zu einem schweren Vergehen geworden, und die US-Militärpräsenz dort ist einer der Faktoren, die von den Verschwörern der Terroranschläge vom 11. September 2001 benutzt wurden, um ihre abscheulichen Taten zu rechtfertigen. Das andere Motiv für den Angriff war die Empörung über die US-Unterstützung für Israel in einem anhaltenden Konflikt, der zu zahlreichen zivilen Todesopfern geführt hat. Eine Woche nach den Anschlägen hielt Bush eine gemeinsame Sitzung des Kongresses ab, in der er erklärte, dass Hass den Angriff motiviert habe, wie Bush sagen würde: „Sie hassen unsere Freiheiten: unsere Religionsfreiheit, unsere Redefreiheit, unsere Wahl- und Versammlungsfreiheit, und sie widersprechen sich selbst." Angst fegte durch Washington DC, und viele in der Verwaltung hielten einen zweiten Angriff für mehr als wahrscheinlich. Aber Bush befürwortete keine passive Strategie, sondern zog es vor, den präventiven Weg einzuschlagen und auf Reformen in der US-Außenpolitik zu drängen. Er etablierte eine neue nationale Sicherheitsdoktrin, die den bisherigen multilateralen Ansatz verwerfen und den unilateralen Ansatz einführen würde. Die Doktrin forderte auch präventive Maßnahmen und den Export demokratischer Werte in den Nahen Osten, um Extremismus abzuschrecken. Innerhalb eines Monats nach den Angriffen, nachdem die USA Afghanistan ein

Der Fall des US-Dollars

Ultimatum gestellt hatten, Osama Bin Laden auszuliefern, marschierten die USA in Afghanistan ein. Innerhalb von drei Monaten vertrieben die USA die Taliban und begannen einen einsamen, mühsamen 20-jährigen Versuch, dort eine neue demokratiefreundliche Regierung zu installieren, eine Aufgabe, die letztendlich scheitern würde. Kurz darauf, im Jahr 2003, zwei Jahre nachdem die USA in Afghanistan einmarschiert waren, würde Bush eine Invasion im Irak unter der Prämisse starten, dass Saddam Hussein Massenvernichtungswaffen entwickle. Trotz fehlender Beweise von UN-Inspektoren, dass dies der Fall war, setzten die USA die Invasion trotzdem fort und rechtfertigten sie damit, dass Saddam versuchte, Uran aus Westafrika zu kaufen. Die USA entschieden sich auch dafür, keine UN-Autorisierung für die Invasion zu beantragen, im Einklang mit Bushs ursprünglicher Plattform für einen einseitigen Ansatz, der die US-Politik von der der UN trennt. Die USA würden den Sturz von Saddams Regime in kurzer Zeit vollenden, stünden jedoch vor einem langen Prozess der Stabilisierung der neuen irakischen Regierung gegen einen Aufstand von Al-Qaida-Ablegern und Saddam-Loyalisten. Zwischen Afghanistan und dem Irak gaben die USA in der Nachkriegszeit Milliarden von Dollar an Hilfe aus, um die Länder zu stabilisieren. Aber verschiedene Faktoren wie Machtkämpfe, Korruption und Aufstände verlängerten das US-Engagement und drohten zeitweise, die Bemühungen zur Demokratisierung der Region zu entgleisen. Wachsende innerstaatliche Unruhen ohne absehbares Ende erzeugten eine kriegsmüde Stimmung, die auf einem möglichst baldigen vollständigen Rückzug der US-Streitkräfte aus der Region bestand. Die Amerikaner wünschten sich verzweifelt eine Änderung der US-Außenpolitik, und während der Präsidentschaftswahlen 2008 präsentierte Barack Obama der amerikanischen Öffentlichkeit eine Plattform, die sich darauf konzentrierte, Truppen nach Hause zu bringen und eine Außenpolitik zu fördern, die darauf basiert, die US-Intervention in Konflikten im Ausland zu reduzieren. Obama versprach, die US-Truppen aus Afghanistan und dem Irak abzuziehen und auch die durch die vergangene Außenpolitik beschädigten Außenbeziehungen der USA zu reparieren. Er erklärte auch seine Absicht, den multilateralen Ansatz für die Zusammenarbeit mit internationalen Organisationen wiederherzustellen. Diese Plattform half Barack Obama, die Präsidentschaftswahlen 2008 zu gewinnen, und in nur acht Monaten nach seinem Amtsantritt würde er den Friedensnobelpreis gewinnen. Und Ende 2011 zog Obama die US-Truppen aus dem Irak ab. Der Arabische Frühling 2011, der weit verbreitete Proteste im Nahen Osten und in Nordafrika auslöste, stellte jedoch Obamas ursprüngliches Programm der Nichteinmischung der USA in Übersee in Frage. Als diese Proteste ein hartes Vorgehen der Regierung gegen Demonstranten in Libyen und Syrien auslösten, was zu zahlreichen zivilen Todesopfern führte, wurde die Obama-Regierung unter Druck gesetzt, in eine wachsende Menschenrechtskatastrophe einzugreifen. Obama würde Gaddafis Sturz aus Libyen im Jahr 2011 erleichtern, obwohl Libyen keine unmittelbare Bedrohung für die Vereinigten Staaten darstellt. NATO-Streitkräfte führten Luftangriffe auf verschiedene libysche Militärposten durch, was zu mehr zivilen Opfern und mehr Extremismus führte. Die Obama-Administration setzte daraufhin einen Regimewechsel in Syrien durch, indem sie die regierungsfeindlichen/anti-Assad-Rebellen als offizielle Regierungsbehörde des Landes anerkannte. In der Zwischenzeit begann ISIS, eine Terroristengruppe, die sich aus ehemaligen Al-Qaida-Aktivisten, irakischen Aufständischen und Saddam-Loyalisten zusammensetzt, eine Reihe von Angriffen im Irak und in Syrien, nachdem sie ein globales Kalifat ausgerufen hatte. Kurz darauf gelang es ihnen, große Landstriche in beiden Nationen zu erobern. Dies führte zu einem erneuten Engagement der USA und zwang die Obama-Regierung, Luftangriffe im Irak und in Syrien anzuordnen, um eine weitere Destabilisierung der Region zu stoppen. Im Jahr 2015 veranlasste die wachsende ISIS-Bedrohung in Syrien Russland, militärische Hilfe in Form von Luftunterstützung zu schicken, um das Assad-Regime gegen die syrischen Rebellen und ISIS zu unterstützen. Wieder einmal war der Nahe Osten zu einer Brutstätte von Gewalt und Terror geworden. In Kürze würden sowohl Libyen als auch Syrien zu einer humanitären Katastrophe werden. Die US-Außenpolitik während der Obama-Regierung hat trotz ihrer erklärten Ziele, Diplomatie und bessere internationale Beziehungen zu verfolgen, wenig zur Lösung der Nahostkrise beigetragen. Die Regierung würde auch die Voraussetzungen für wachsende Spannungen zwischen den USA und Russland schaffen.

Auf dem NATO-Gipfel 2008 in Rumänien nutzte der russische Präsident Wladimir Putin die Veranstaltung, um nachdrücklich zu erklären: "Die Entstehung eines mächtigen Militärblocks an unseren Grenzen wird als direkte Bedrohung der russischen Sicherheit angesehen." Die USA folgten auf demselben Gipfel im Jahr 2008 diesem Beispiel: „Die NATO begrüßt die euro-atlantischen Bestrebungen der Ukraine und Georgiens zur NATO-Mitgliedschaft. Wir haben heute vereinbart, dass diese Länder Mitglieder der NATO werden." So war es dort, als klar wurde, dass der NATO-Beitritt der Ukraine seit 2014 der Hauptfokus der aggressiven geopolitischen Politik Russlands gegenüber der Ukraine war. Auch Frankreich und Deutschland haben sich 2008 gegen die Aufnahme dieser Länder in die NATO ausgesprochen, weil es sich um eine europäische Sicherheitsfrage handelt, die bei den USA keine Sensibilität hervorrief. Rückblickend hat Russland von 2000 bis 2008 eine pro-westliche außenpolitische Agenda propagiert und sogar mit der Idee geliebäugelt, der NATO beizutreten, was Russland zu einem militärischen Verbündeten der USA gemacht hätte. Russland hat im Jahr 2000 auch eine Strategische Partnerschaft mit der EU unterzeichnet, in der es Russlands Absicht erklärt, die Souveränitätsrechte der Ukraine anzuerkennen. Der illegale Krieg der Vereinigten Staaten und der NATO gegen den Irak im Jahr 2003 und ihre aggressiven und ungehinderten Militärinterventionen in Libyen und Syrien im Jahr 2011 alarmierten den russischen Staat jedoch angesichts dessen, was Russland für eine mutigere Außenpolitik hielt, bei der die Vereinigten Staaten versuchten, sich zu positionieren Internationale Polizei. Es gab auch eine Doppelmoral, von der Russland glaubte, dass sie die Vereinigten Staaten anwendeten, indem sie ihre Rolle bei der Destabilisierung Libyens und Syriens rechtfertigten, einen Regimewechsel erzwangen, die Opposition der Regierung militärisch unterstützten und dennoch auf die moralischen Implikationen für andere Länder hinwiesen, die dasselbe tun. Dies diente nur dazu, Moskaus Verdacht gegenüber der NATO zu bestätigen. Russland glaubte, dass die NATO nach dem Kalten Krieg keinen Zweck mehr erfüllte, da ihre ursprüngliche Gründung nicht nur dazu diente, Deutschland und Japan militärisch einzuschränken, sondern auch jeglichen expansionistischen Ambitionen der Sowjetunion nach dem Zweiten Weltkrieg entgegenzuwirken. Nachdem die NATO Westdeutschland in das Bündnis aufgenommen hatte, unterzeichnete die Sowjetunion auch den Warschauer Pakt mit anderen osteuropäischen Ländern und Ostdeutschland, um die NATO-Erweiterung zu verhindern. Aber nach dem Ende der Sowjetunion gaben die Sowjets die Kontrolle über das Bündnis auf und lösten den Warschauer Pakt effektiv auf. Dabei wurden Russland von der NATO Sicherheitsgarantien versprochen, und Russland hat oft erklärt, dass die NATO diese Versprechen nie erfüllt hat und dass die NATO nur noch als provokative Einheit existiert, die regelmäßig aggressive Militärübungen in der Nähe der Grenzen Russlands durchführt. All diese Faktoren, zusammen mit der Tatsache, dass die Ukraine die Möglichkeit eines Militärbündnisses mit einem multinationalen Militärblock (NATO) in Betracht gezogen hatte, spielten eine bedeutende Rolle in Russlands durchsetzungsfähiger Politik gegenüber der Ukraine im Jahr 2014 mit der Annexion der Krim. Seit Ende der 1990er Jahre warnen zahlreiche außenpolitische Experten vor den gefährlichen Folgen der Nato-Erweiterung. Hier ist ein Auszug aus einem Interview mit George F. Kennan vom 2. Mai 1998 von dem Kolumnisten der New York Times, Thomas Friedman. Kennan war ein US-Diplomat und Verfechter der Eindämmungsstrategie während des Kalten Krieges: „Ich denke, es (NATO-Erweiterung) ist der Beginn eines neuen Kalten Krieges. Ich denke, die Russen werden ziemlich negativ reagieren und das wird ihre Politik beeinflussen. Ich denke, es ist ein tragischer Fehler. Dafür gab es keinen Grund. Niemand hat jemand anderen bedroht. Diese Expansion würde dazu führen, dass sich die Gründerväter dieses Landes in ihren Gräbern umdrehen......Wir verpflichten uns, eine ganze Reihe von Ländern zu schützen, obwohl wir weder die Ressourcen noch die Absicht haben, dies ernsthaft zu tun. [NATO-Erweiterung] war einfach eine leichtsinnige Tat eines Senats, der kein wirkliches Interesse an der Außenpolitik hat. Was mich stört, ist, wie oberflächlich und schlecht informiert die ganze Senatsdebatte war. Mich störten besonders die Verweise auf Russland als ein Land, das darauf aus war, Westeuropa anzugreifen ... „Verstehst du das nicht? Unsere Differenzen im Kalten Krieg waren mit dem sowjetischen kommunistischen Regime. Und jetzt kehren wir genau den Menschen den Rücken der die größte unblutige Revolution der Geschichte inszeniert hat, um dieses Sowjetregime zu eliminieren. Und Russlands Demokratie ist so weit fortgeschritten, wenn nicht sogar mehr als jedes dieser Länder, die wir gerade unterzeichnet haben, um sich gegen Russland zu verteidigen. Natürlich wird es eine schlechte Reaktion Russlands geben , und dann werden [die NATO-Expander] sagen, dass wir Ihnen immer gesagt haben, dass die Russen so sind – aber das ist einfach falsch."

Dies ist ein Auszug aus einem durchgesickerten diplomatischen Telegramm von Wikileaks im Jahr 2008, in dem William Burns, US-Botschafter in Russland (2005-2008), die Auswirkungen der Aufnahme der Ukraine in die NATO detailliert beschreibt: Die NATO-Erweiterung, insbesondere in Bezug auf die Ukraine, „bleibt ein emotionale und neuralgische Frage für Russland, aber auch strategische politische Erwägungen liegen der starken Opposition der Ukraine und Georgiens gegen eine NATO-Mitgliedschaft zugrunde. In der Ukraine gehören dazu Befürchtungen, dass das Problem das Land möglicherweise in zwei Teile spalten könnte, was zu Gewalt oder sogar, wie manche behaupten, zu einem Bürgerkrieg führen könnte, der Russland zwingen würde, zu entscheiden,

ob es eingreifen soll."
Von der offiziellen NATO-Website, ein Papier vom Juni 2000 mit dem Titel „NATO's Relations with Russia and Ukraine", verfasst von R. Craig Nation, Professor für Strategie und Direktor für russische und eurasische Studien am US Army War College in Carlyle, Pennsylvania 1996-2017 : „ Erhebliche Sicherheitsgarantien für die Ukraine kann nur die NATO geben, aber jeder großangelegte Einsatz von Bündnisstreitkräften in der eurasischen Steppe unterliegt ernsthaften politischen und operativen Beschränkungen. Moskau hat sich einer nationalen Militärstrategie verschrieben, die das Vertrauen auf taktische Nuklearwaffen in Zeiten konventioneller Schwäche betont. Ein starkes militärisches Engagement in unmittelbar an die russische Grenze angrenzenden Gebieten birgt daher ein erhebliches Risiko. Moskau ist willens und in der Lage, in unmittelbarer Nähe seiner Grenzen sinnvollen Druck auszuüben, und kann sich darauf verlassen, dass es im zentraleuropäischen Korridor um lebenswichtige Interessen geht. Der Nullsummenwettbewerb um Herz und Verstand der Ukraine ist daher ein gefährliches Spiel. "Washingtons Einbeziehung der Region nahe der russischen Grenze als lebenswichtige US-Sicherheitsinteressen oder Ziele für die Ausweitung des US-Einflusses", schreibt Sergo Mikojan, "wird die Bewältigung regionaler Konflikte in diesen Gebieten schwieriger, wenn nicht sogar unmöglich machen."

Im Jahr 2014 beschuldigte Russland die Vereinigten Staaten, den Sturz des pro-russischen ukrainischen Präsidenten Viktor Janukowitsch zu unterstützen, aber das Weiße Haus erklärte nie offiziell, dass es Janukowitsch nicht mehr als legitimen Präsidenten der Ukraine anerkenne. Ein US-Sprecher würde so weit gehen zu sagen: "Herr Janukowitsch hat seine Legitimität als Führer der Ukraine verloren." Kurz darauf wird Russland jedoch die Krim annektieren und dann einen Bürgerkrieg in der Ostukraine beginnen.

Im Jahr 2016 würde Donald Trump Präsident der Vereinigten Staaten werden und auf einer Plattform kandidieren, um Amerika wieder großartig zu machen. Ein Großteil der Politik von Präsident Trump war ein Versuch, die politischen Ziele des ehemaligen Präsidenten Ronald Reagan nachzuahmen und sich von dem Multilateralismus zu entfernen, der Obamas Außenpolitik definierte . Trump versuchte dies, indem er die USA zum einseitigen Ansatz früherer republikanischer Präsidenten zurückführte. Wie George W. Bush fühlte sich Präsident Trump unwohl, wenn er die US-Initiative zugunsten einer Zusammenarbeit mit internationalen Organisationen kompromittieren musste. Trump verfolgte zudem eine Strategie, die weniger Wert auf Diplomatie und mehr Glaubwürdigkeit auf Verteidigung legte. Bei seinem Amtsantritt machte er die Entscheidung rückgängig, die US-Truppen aus Syrien und dem Irak abzuziehen, und beseitigte auch Hilfsbarrieren, die Saudi-Arabien und Bahrain auferlegt wurden. Er nahm eine sehr nachsichtige Haltung gegenüber Wladimir Putin ein und argumentierte, Führer zu bevorzugen, die ein gewisses Maß an Weisheit und Stärke zeigen könnten, Führer wie al-Sisi in Ägypten, Duterte auf den Philippinen und Erdogan in der Türkei. Trump vermittelte mit Überzeugung, dass seine Politik darauf abzielen würde, Amerika in den Außenbeziehungen an die erste Stelle zu setzen. Zum Beispiel wurden die Ausgaben für die meisten Regierungsbehörden mit Ausnahme des Verteidigungsministeriums, des Heimatschutzministeriums und des Ministeriums für Veteranenangelegenheiten im Haushalt 2018 gekürzt. Ende 2017 machte Trump eine scheinbar plötzliche Kehrtwendung in seiner Pro-Putin- Perspektive und genehmigte einen Plan, tödliche Militärhilfe, Waffen, einschließlich Scharfschützengewehre und Javelin-Panzerabwehrraketen, in die Ukraine zu schicken, die alle darauf abzielen, der Ukraine beim Kampf zu helfen die von Russland unterstützten Separatisten in der Donbass-Region. Dieser Schritt der Trump-Administration verstärkte die Beteiligung der USA an den geopolitischen Angelegenheiten der Ukraine mit Russland und alarmierte den russischen Staat, der zunächst dachte, Trump sei ein Unterstützer der russischen Politik. Der Schritt spielte auch keine Rolle in der Erzählung der US-Medien, dass Trump pro-russisch sei. Es wurde unmöglich, das Nebeneinander von Trumps Pro-Putin-Rhetorik und seiner antirussischen Politik zu erklären. Die Amtszeit von Donald Trump und die frühe Amtszeit der Biden-Administration hätten verheerende Folgen für die Sicherheit Osteuropas. Auch die Nato hat Trump während seiner Amtszeit scharf kritisiert, weil er sie für überholt hielt. Präsident Trump hat oft darauf hingewiesen, dass die USA einen Großteil des militärischen Verteidigungsaspekts der NATO-Politik übernehmen, während andere Mitgliedstaaten wie Deutschland davon profitieren, indem sie weniger für ihre eigene Verteidigung ausgeben. Diese Rhetorik hätte große Konsequenzen gehabt und Deutschland schließlich auf den Weg zu wirtschaftlicher, militärischer und politischer Unabhängigkeit geführt.

Als Wladimir Selenskyj 2019 Präsident der Ukraine wurde, war Präsident Donald Trump in einen Quid-pro-quo-Skandal verwickelt, der gegen das US-Recht verstieß, das besagt, dass ein amtierender Präsident keine ausländische Hilfe nutzen darf, um eine Wahl zu gewinnen. Nachdem Biden seine Absicht erklärt hatte, 2020 für das Präsidentenamt zu kandidieren, rief Trump Zelensky an, um ihn zu bitten, Joe Bidens Beteiligung an den Gerichtsverfahren eines Energieunternehmens in der Ukraine zu untersuchen, in dem sein Sohn Hunter Biden arbeitete, während Biden während Obamas Amtszeit als Vizepräsident arbeitete. Trump drohte daraufhin, die Militärhilfe für die Ukraine in Milliardenhöhe zu kürzen, falls Selenskyj nicht nachkomme. Dies führte dazu, dass Trump 2020 angeklagt wurde. Später wurde er freigesprochen.

Die globale COVID-19-Pandemie war die weltweite Ausbreitung eines tödlichen Coronavirus-Stammes, der in Wuhan, China, begann. Das Virus begann sich um den 15. Januar 2020 auf den Rest der Welt auszubreiten. Während der Pandemie führte die NATO weiterhin aggressive Militärübungen in der Nähe der Grenzen Russlands durch und weigerte sich, den Vorschlägen Russlands zuzustimmen, dass beide Nationen Militärübungen einschränken sollten. Unterdessen zog Präsident Trump die USA trotz zahlreicher US-Verbündeter Ende 2020 aus dem Open-Skies-Vertrag von 1992 heraus. Mike Pompeo, US-Außenminister von 2018 bis 2021, behauptete, Russland sei dem nicht nachgekommen, weil es einseitige Beschränkungen auferlegt habe. Der Vertrag war ein vertrauensbildendes Instrument, das es allen 34 Vertragsstaaten ermöglichte, gemeinsame Beobachtungsflüge über dem Territorium des anderen durchzuführen und die Aktivitäten des dortigen Militärpersonals zu überwachen. Es war im Wesentlichen eine vertrauensbildende Übung und sollte den Multilateralismus kultivieren. Alle Bilder, die während der

Der Fall des US-Dollars

Beobachtungsflüge zusammengestellt wurden, konnten an jede Nation im Vertrag übermittelt werden. Sowohl die USA als auch Russland hatten einigen Gebieten ihrer jeweiligen Territorien einseitige Beschränkungen auferlegt. Darüber hinaus wollten die USA unbedingt aus dem Vertrag aussteigen, damit sie keine Ressourcen mehr für die Aufrüstung des Beobachtungsflugzeugs aufwenden konnten, das sie für veraltet hielten. Der Vorsitzende des Ausschusses für auswärtige Angelegenheiten des Repräsentantenhauses, Eliot Engel (DN.Y.) und der Abgeordnete William Keating (D-Mass.) kritisierten den Schritt der Trump-Administration scharf und erklärten in einer Erklärung vom 23. November 2020, dass „das hat er nicht getan nur die nationale Sicherheit der USA gefährdet, er hat das Gesetz eklatant ignoriert und vorsätzlich gebrochen." Dies geschieht ein Jahr, nachdem die USA 2014 Russland beschuldigt haben, durch den Test eines Marschflugkörpers gegen das Abkommen verstoßen zu haben, hat Russland dagegen die USA beschuldigt des Vertragsbruchs durch den Bau nuklearer Verteidigungssysteme in Osteuropa befürchten viele, dass es ohne den Vertrag keine Grenzen für die Verbreitung von Atomwaffen gäbe.

Im Oktober 2019 beschloss Präsident Trump, nachdem er versprochen hatte, US-Soldaten in Syrien zu behalten, die verbleibenden US-Truppen aus Syrien abzuziehen. Bis zu diesem Zeitpunkt hatten die USA in den letzten Jahren Luftangriffe in Syrien durchgeführt und dort auch eine Reihe von Bodentruppen zur Bekämpfung des IS eingesetzt. Einer der engsten Partner der USA während der Kampagne waren die kurdischen Kämpfer, von denen seit 2014 Tausende in Syrien getötet wurden. Sie führten eine Koalition multiethnischer Kämpfer namens Syrian Democratic Forces an. 2019 bereitete die Türkei jedoch eine Offensive in der Region vor, um die kurdische Präsenz nahe der türkischen Grenze abzuwehren. Die kurdische Miliz, die an der Seite der USA diente und die syrischen demokratischen Kräfte in Syrien anführte, war als YPG bekannt, eine Gruppe, die der türkische Präsident Recep Erdogan für einen Ableger der PKK hält, einer von den USA und der Türkei benannten Terrororganisation . Und die Tatsache, dass die USA während des Syrienfeldzugs mit der Gruppe verbündet waren, führte zu unhaltbaren Spannungen zwischen den USA und der Türkei. Erdogan machte Trump klar, dass die Türkei unabhängig von der US-Präsenz die syrische Grenze angreifen werde. Nach einem diesbezüglichen Telefonat mit dem türkischen Präsidenten ordnete Trump den Rückzug der verbleibenden 1.000 US-Truppen in Syrien an, und viele US-Soldaten hatten das Gefühl, ihren engsten Verbündeten im Stich zu lassen und ihn der türkischen Armee zum Abschlachten zu überlassen. Die USA würden später bestätigen, dass die kurdischen Kämpfer, mit denen sie in Syrien kooperierten, ein Ableger der PKK waren, einer von den USA benannten Terroristengruppe. Alles in allem hat die Reihe von Vertragsbrüchen und der Aufgabe von Partnerschaftsverpflichtungen durch die Trump-Administration den Weg für einen irreversiblen Vertrauensverlust zwischen den Vereinigten Staaten und ausländischen Partnern geebnet. Dieser Vertrauensverlust würde während der Amtseinführung der nächsten Regierung in Washington DC einen Wendepunkt erreichen

Als Joseph Biden 2020 Präsident der Vereinigten Staaten wurde und 2021 sein Amt antrat, zögerte er, wieder multilateralen Verträgen beizutreten, die denen ähneln, aus denen die vorherige Regierung die

Vereinigten Staaten zurückgezogen hatte. Er behielt auch eine kämpferische Haltung gegenüber anderen Weltführern wie dem russischen Präsidenten Wladimir Putin und dem saudischen Kronprinzen Mohammad Bin Salman bei. In einem Interview im März 2021 bezeichnete Biden Putin als „Mörder" und drohte ihm mit Repressalien wegen Einmischung in die Wahlen 2020. Kurz darauf schrieben 27 politische Organisationen an Biden und forderten ihn auf, seine kämpferische Rhetorik einzudämmen. In einer Erklärung, die sie im März 2021 herausgaben, sagten sie: „ Als nationale Organisationen, die sich für Diplomatie, Rüstungskontrolle, Abrüstung und Frieden einsetzen, sind wir zutiefst beunruhigt über den jüngsten negativen Austausch zwischen den Führern der beiden Länder von mehr als 90 Prozent die Atomsprengköpfe der Welt in ihren Arsenalen ... Als Amerikaner fordern wir die Biden-Administration auf, sich nicht mehr auf solch rücksichtslose Rhetorik einzulassen und stattdessen energisch Atomwaffenverhandlungen mit der russischen Regierung fortzusetzen. Zu den beteiligten Gruppen gehörten die Justice Democrats, Blue America, Demand Progress, Our Revolution und Progressive Democrats of America Interesse an einer kriegerischen Außenpolitik gegenüber Putin oder Russland ... Was die Menschen wollen, ist eine sicherere Welt mit internationaler Zusammenarbeit, die es uns allen ermöglicht, uns schneller von der gesundheitlichen und wirtschaftlichen Katastrophe des letzten Jahres zu erholen. Wir haben keine Geduld mit Säbelrasseln im Kalten Krieg, geschweige denn mit nuklearem Brinkmanship", erklärte Biden später während eines direkten Telefongesprächs mit Putin im Juni 2021 die „Killer"-Vorstellung.

    Das US-Militär zog sich am 30. August 2021 aus Afghanistan zurück und beendete damit eine 20-jährige Militäroperation dort. Nach dem erfolgreichen Sturz der Taliban im Jahr 2001 kann die verbleibende US-Militärpräsenz in der Region durch einen langwierigen Prozess des Versuchs definiert werden, die neue demokratiefreundliche Regierung Afghanistans zu stabilisieren. Während dieser Zeit blieben die Taliban, obwohl sie von der Macht entfernt waren, eine ständige Bedrohung für die neu eingesetzte Regierung und konnten einige verlorene Gebiete zurückerobern. Im Februar 2020 bestätigten die Trump-Regierung und die Taliban ein als Doha-Abkommen bekanntes Abkommen, das vorsah, dass die USA alle ihre Truppen aus der Region Afghanistan abziehen würden, wenn die Taliban zustimmten, Al-Qaida daran zu hindern, in die Gebiete der Taliban einzudrungen. Das Abkommen besagte auch, dass die Tabliban Waffenstillstandsabkommen mit der neuen afghanischen Regierung abschließen würden. Die afghanische Regierung war an dieser Korrespondenz zwischen der Trump-Administration und den Taliban nicht beteiligt. Im Rahmen der Doha-Abkommen würden die USA die US-Truppenpräsenz in Afghanistan von 13.000 auf 8.600 bis Juli 2020 reduzieren und den Rest bis zum 1. Mai 2021 abziehen. Als Biden sein Amt antrat, war die Zahl der US-Truppen in Afghanistan auf 2.500 reduziert worden. aber einen Monat vor Ablauf der in den Doha-Abkommen festgelegten Frist beschloss Biden, das angestrebte Austrittsdatum bis September 2021 zu verlängern. Am 1. Mai, der ursprünglich von Trump und den Taliban vereinbarten Frist, starteten die Taliban jedoch eine Offensive. Im Juli sagte die NATO voraus, dass die Taliban Afghanistan innerhalb von Wochen nach dem vollständigen Abzug der USA verlassen würden. Der

Der Fall des US-Dollars

Vormarsch der Taliban war jedoch viel schneller als erwartet. Infolgedessen versuchten die USA, die Evakuierung von Botschaftsmitarbeitern, US-Bürgern und Visumantragstellern so schnell wie möglich zu erleichtern, indem sie fast 5.000 US-Soldaten zum Flughafen Kabul entsandten. Weitere 2.000 würden nach der Rückeroberung Kabuls durch die Taliban am 15. August eingesetzt. Der afghanische Armeegeneral Sami Sadat betrachtete den US-Rückzug als Verrat an der afghanischen Armee und sagte der New York Times, dass der von Präsident Trump orchestrierte Deal sowie Bidens Erklärung, dass „amerikanische Truppen nicht in einem Krieg und in einem Krieg kämpfen können und sollten ... In einem Krieg zu sterben, den die afghanischen Streitkräfte nicht für sich selbst führen wollen, ermutigt die Taliban nur." Er merkte auch an, dass die 17.000 Personaldienstleister, die Afghanistan im Juli verließen, wichtige Waffen wie Raketenabwehr- und Ortungstechnologien für Hubschrauber mit sich führten. Ashraf Ghani, Präsident von Afghanistan vor der Übernahme durch die Taliban, behauptete, der abrupte Rückzug der USA habe den Taliban Auftrieb gegeben.Kurz nach der Übernahme durch die Taliban ereignete sich am 26. August 2021 ein Selbstmordattentat auf dem internationalen Flughafen Hamid Karzai, bei dem 13 und 70 US -Soldaten getötet wurden Afghanische Staatsangehörige Das letzte Flugzeug, das den Flughafen Kabul verließ, hob am 30. August 2020 ab 21 .

Im Nachhinein können wir sehen, wie die Aufgabe multilateraler Bemühungen zugunsten eines unilateralen Ansatzes geopolitische Spannungen verschärfen und auch kritische Allianzen untergraben könnte, insbesondere wenn ein Vertragsbruch offensichtlich ist. Beide Aspekte – einseitiges Beharren und Vertragsbruch sowie die Bereitschaft, Verbündete abrupt im Stich zu lassen – kultivieren Angst und Misstrauen. Dieser wachsende Aspekt der US-Außenpolitik erreichte seine kritischste Phase während der Biden-Regierung, als Biden sich weigerte, militärisch einzugreifen, nachdem er dem ukrainischen Präsidenten Selenskyj versichert hatte, dass die USA „schnell und entschlossen" handeln würden, falls Russland in sein Land einmarschieren würde. Russland startete am 24. Februar 2022 eine umfassende Invasion in der Ukraine. Selenskyj erklärte kurz darauf: „Wir mussten unseren Staat verteidigen. " die Stimmung der US-Verbündeten. Der kritischste Verbündete der USA, Saudi-Arabien, erwog im März 2022, Öl an die Chinesen für chinesische Yuan statt für US-Dollar zu verkaufen, ein Schritt, der die US-Wirtschaft stürzen würde. Das Scheitern der USA in der Ukraine-Krise wird langfristig das internationale Image der Vereinigten Staaten beschädigen und viele Nationen werden zögern, bilaterale Beziehungen zu ihnen aufzunehmen, was langfristig dazu führen wird, dass die USA zu einem Paria-Staat werden. Die USA riskieren nun, ihren Status als wirtschaftliche und militärische Supermacht zu verlieren, während sie die Implikationen der Bemühungen Deutschlands, ein eigenes Militärarsenal aufzubauen und sich wieder als militärische Großmacht in Westeuropa zu etablieren, völlig vergessen. Dies, kombiniert mit der Tatsache, dass Deutschland als führende Volkswirtschaft und als eine der führenden Gläubigernationen in der Eurozone über wirtschaftliches Gewicht in Westeuropa verfügt, macht es umso wahrscheinlicher, dass Deutschland schließlich versuchen wird, die Eurozone zu verlassen oder die Kontrolle über sie zu übernehmen über die Europäische Zentralbank, und auch die Position der Vereinigten Staaten als

Der Fall des US-Dollars

wichtigster Verbündeter Saudi-Arabiens an sich reißen.

Der Fall des US-Dollars

Kapitel 11: Der Aufstieg des amerikanischen Marxismus

Das Argument für eine entstehende marxistische Bewegung in Amerika kann aus einem Auszug aus John Maynard Keynes' Buch The Economic Consequences of Peace abgeleitet werden. Hier legt es den Grundstein für Aufstieg und Fall eines kapitalistischen Systems:

Europa wurde sozial und wirtschaftlich organisiert, um eine maximale Kapitalakkumulation zu gewährleisten. Während sich die täglichen Lebensbedingungen der Masse der Bevölkerung stetig verbesserten, war die Gesellschaft darauf ausgelegt, einen Großteil des gestiegenen Einkommens an die Klasse abzugeben, die es am wenigsten verbrauchen würde. Die neuen Reichen des 19. Jahrhunderts wurden nicht dazu erzogen, zu viel auszugeben, sondern zogen die Macht, die ihnen Investitionen verliehen, den Freuden des unmittelbaren Konsums vor. Tatsächlich war es die sehr ungleiche Verteilung des Reichtums, die die enormen Anhäufungen von Anlagevermögen und Kapitalzuwächsen ermöglichte, die dieses Zeitalter von allen anderen unterschieden. Tatsächlich lag hierin die Hauptrechtfertigung des kapitalistischen Systems. Wenn die Reichen ihren neu erworbenen Reichtum für ihre eigenen Vergnügungen ausgegeben hätten, hätte die Welt ein solches Regime schon vor langer Zeit als unerträglich empfunden. Aber wie die Bienen sparten und sammelten sie, nicht minder zum Wohle der ganzen Gemeinschaft, weil sie selbst engere Ziele vor Augen hatten.

Die gewaltigen Anhäufungen von Anlagekapital, die zum großen Nutzen der Menschheit während des halben Jahrhunderts vor dem Krieg aufgebaut wurden, hätten niemals in einer Gesellschaft zustande kommen können, in der der Reichtum gerecht verteilt war. Die Eisenbahnen der Welt, die damals als Denkmal für die Nachwelt errichtet wurden, waren nicht weniger als die Pyramiden Ägyptens die Arbeit der Arbeit, die nicht frei war, das volle Äquivalent ihrer Arbeit in unmittelbarem Genuss zu verzehren.

Daher hing dieses bemerkenswerte System für sein Wachstum von einem doppelten Bluff oder einer Täuschung ab. Einerseits akzeptierte die Arbeiterklasse aus Unwissenheit oder Ohnmacht, oder wurde gezwungen, überredet oder durch Sitte, Konvention, Autorität und die etablierte Gesellschaftsordnung überredet, eine Situation zu akzeptieren, in der sie sehr wenig telefonieren konnte der Kuchen, den sie zu backen halfen, gehörte ihnen, die Natur und die Kapitalisten arbeiteten zusammen. Andererseits durften die Kapitalistenklassen den größten Teil des Kuchens besitzen und theoretisch frei konsumieren, unter der stillschweigenden Bedingung, dass sie in der Praxis nur sehr wenig davon konsumierten. Die Pflicht des „Sparens" wurde zu neun Zehnteln der Tugend und das Anpflanzen des Kuchens zum Objekt wahrer Religion. All jene Instinkte des Puritanismus, die sich zu anderen Zeiten der Welt entzogen und die Kunst der Produktion und des Genusses vernachlässigt haben, sind mit dem Nichtessen des Kuchens verwoben. Und so wuchs der Kuchen; aber zu welchem Zweck war nicht klar gedacht. Einzelpersonen würden ermahnt, lieber zu zögern als sich zu enthalten und die Freuden der Sicherheit und Erwartung zu kultivieren. Sparen war für das Alter oder für Ihre Kinder; aber das war nur theoretisch - der Vorteil des Kuchens war, dass er niemals gegessen werden durfte, weder von Ihnen noch von Ihren Kindern nach Ihnen.

Wenn ich dies schreibe, verunglimpfe ich also nicht unbedingt die Praktiken dieser Generation. In den unbewussten Winkeln ihres Seins wusste die Gesellschaft, was auf dem Spiel stand. Der Kuchen war in der Tat sehr klein im Verhältnis zum Appetit, und niemand wäre viel besser dran, wenn er ihn anschneiden würde, wenn er von allen geteilt würde. Die Gesellschaft arbeitete nicht für die kleinen Freuden von heute, sondern für die zukünftige Sicherheit und Verbesserung der Rasse - ja für "Fortschritt". Wenn nur der Kuchen nicht geschnitten würde, sondern in dem von Malthus vorhergesagten geometrischen Bevölkerungsverhältnis wachsen könnte, aber nicht weniger für den Zinseszins gilt, könnte vielleicht der Tag kommen, an dem endlich genug für alle da wäre und die Nachwelt sich an unserem erfreuen könnte Arbeit. An diesem Tag hätten Überarbeitung, Überbelegung und Unterernährung ein Ende gefunden, und die Menschen könnten sich der Annehmlichkeiten und Notwendigkeiten des Körpers sicher sein und zu den edleren Übungen ihrer Fähigkeiten übergehen. Ein geometrisches Verhältnis konnte ein anderes außer Kraft setzen, und das neunzehnte Jahrhundert war in der Lage, die Fruchtbarkeit der Arten in einer Betrachtung der schwindelerregenden Tugenden des Zinseszinses zu vergessen.

Bei dieser Aussicht gab es zwei Fallstricke: Damit die Bevölkerung die Akkumulation nicht noch überflügelt, fördert unsere Selbstverleugnung Zahlen, nicht Glück; und damit der Kuchen im Krieg nicht vorzeitig gegessen wird, der Konsument all dieser Hoffnungen.

Aber diese Gedanken führen zu weit von meinem jetzigen Ziel ab. Ich versuche nur darauf hinzuweisen, dass das auf Ungleichheit basierende Prinzip der Akkumulation ein integraler Bestandteil der damaligen Gesellschafts- und Fortschrittsordnung der Vorkriegszeit war, und zu betonen, dass dieses Prinzip auf instabilen psychologischen Bedingungen beruhte, die kann unmöglich repliziert werden. Es war nicht natürlich, dass eine Bevölkerung, die so wenig den Komfort des Lebens genoss, so stark zunahm. Der Krieg offenbarte allen die Möglichkeit des Konsums und vielen die Eitelkeit der Abstinenz. So wird die Klippe entdeckt; Die Arbeiterklasse mag nicht mehr bereit sein, sie so sehr aufzugeben, und die Kapitalistenklasse, die nicht mehr zuversichtlich in die Zukunft ist, versucht möglicherweise, ihre Konsumfreiheiten, solange sie bestehen, in vollen Zügen zu genießen und damit die Stunde ihrer Beschlagnahme herbeizuführen .

Es steht außer Frage, dass die Verkettung von Krisenereignissen über einen kurzen Zeitraum in den Vereinigten Staaten einen erheblichen Einfluss darauf haben wird, wie Verbraucher mit ihrem persönlichen Geldverhalten umgehen. Ereignisse wie die Zersplitterung des Landes entlang politischer und ethnischer Linien; die überwältigende Zahl von Massenerschießungen im Land ; gewalttätige Unruhen und wiederauflebende Mordraten; eine globale COVID-19-Pandemie, bei der Amerika am schlechtesten abschneiden und die höchste Sterblichkeitsrate aller Länder erleiden würde; ein Krieg in Osteuropa, der Gefahr läuft, einen globalen Konflikt nuklearen Ausmaßes auszulösen. All dies wird zu dem führen, was Keynes in „Die wirtschaftlichen Folgen des Friedens" beschreibt. Das Gefühl des bevorstehenden Untergangs, der in den Köpfen vieler die „Eitelkeit der Abstinenz" unterstreicht und die Bedeutung des

Konsums erhöht. Und da diejenigen, die über die Macht des Investitionskapitals verfügen, nicht mehr „mit Zuversicht in die Zukunft blicken", könnte ihre Entscheidung, „ihre Konsumfreiheiten in vollen Zügen zu genießen, solange sie bestehen", ein nüchternes Bewusstsein für Vermögensungleichheit auslösen, das auslösen würde, was Karl Marx als proletarische Revolution definieren würde. Die Aufhebung des Tugendstatus, der einst mit energischem Sparen und Sparen verbunden war, gefolgt von der Zunahme auffälliger Ausgaben und Konsumtion unter den wohlhabenderen Klassen inmitten eines wachsenden Vertrauensverlustes in die Zukunft, wird die Bühne für Klassenkampf und eine sehr reale kommunistische Revolution bereiten in den Vereinigten Staaten.

Kapitel 12: Ein zweites Kommen des Nichtangriffspaktes

Wenn es um einen zweiten Nichtangriffspakt zwischen Deutschland und Russland geht, können wir auf Keynes zurückblicken und sehen, dass er sich der Bedeutung der deutsch-russischen Beziehungen für das Weltwirtschaftsklima bewusst war. Er schreibt in „The Economic Consequences of Peace": „ Ich sehe keine Möglichkeit, diesen Produktivitätsverlust in angemessener Zeit zu beheben, außer durch die Vermittlung deutscher Firmen und Organisationen. Es ist geografisch und aus vielen anderen Gründen unmöglich für Englisch, Französisch oder Amerikaner dazu; wir haben weder den Anreiz noch die Mittel, um die Arbeiten in ausreichendem Umfang durchzuführen. Deutschland hingegen hat die Erfahrung, den Anreiz und weitgehend das Material, um den Russen zur Verfügung zu stellen Bauern mit der Ware, an der er seit fünf Jahren hungert, um das Transport- und Sammelgeschäft neu zu organisieren, und damit wir zum gemeinsamen Vorteil gelangen können, die Versorgung, von der wir jetzt so katastrophal abgeschnitten sind, in den Pool der Welt zu stecken Es liegt in unserem Interesse, den Tag zu beschleunigen, an dem deutsche Agenten und Organisatoren in der Lage sein werden, die Impulse gewöhnlicher wirtschaftlicher Motive in jedem russischen Dorf in Gang zu setzen, und zwar in einem von der Regierung ziemlich unabhängigen Prozess Agentur in Russland; aber wir können sicherlich mit einiger Gewissheit vorhersagen, dass die Wiederbelebung des Handels, der Annehmlichkeiten des Lebens und der gewöhnlichen wirtschaftlichen Motive die Wiederbelebung des Handels, der Annehmlichkeiten des Lebens und der gewöhnlichen wirtschaftlichen Motive wahrscheinlich nicht fördern werden, sei es die Wiederbelebung der Form oder nicht des Kommunismus, der von der Sowjetregierung befürwortet wird, erweist sich dauerhaft als geeignet für das russische Temperament oder nicht extreme Formen jener Lehren von Gewalt und Tyrannei, die Kinder von Krieg und Verzweiflung sind.

Lassen Sie uns also in unserer Russlandpolitik nicht nur die von der deutschen Regierung angekündigte Politik der Nichteinmischung begrüßen und nachahmen, sondern auch von einer Blockade absehen, die unseren eigenen dauerhaften Interessen schadet und illegal ist, um Deutschland dabei zu helfen, seinen Platz in To zu erlangen Europa als Schöpfer und Organisator von Reichtum für seine östlichen und südlichen Nachbarn zurückzuerobern.

Es gibt viele Personen, bei denen solche Vorschläge starke Vorurteile hervorrufen werden. Ich bitte sie, das Ergebnis des Nachgebens gegenüber diesen Vorurteilen im Geiste zu verfolgen. Wenn wir uns im Detail allen Mitteln widersetzen, mit denen Deutschland oder Russland ihr materielles Wohlergehen wiedererlangen können, weil wir nationalen, rassischen oder politischen Hass auf ihr Volk oder ihre Regierungen empfinden, müssen wir bereit sein, uns den Folgen solcher Gefühle zu stellen. Auch wenn es keine moralische Solidarität zwischen den eng verwandten Rassen Europas gibt, gibt es eine wirtschaftliche Solidarität, die wir nicht ignorieren können. Die Weltmärkte sind bereits eins. Wenn wir Deutschland nicht erlauben, Produkte mit Russland auszutauschen und sich so zu ernähren, wird es zwangsläufig mit uns um Produkte der Neuen Welt konkurrieren müssen. Je erfolgreicher es uns gelingt, die Wirtschaftsbeziehungen zwischen Deutschland und Russland zu stärken, desto mehr werden wir das Niveau unserer eigenen wirtschaftlichen Standards senken und unsere eigenen innenpolitischen Probleme verschärfen. Dies soll das Problem auf die niedrigste Ebene bringen. Es gibt noch andere Argumente, die auch der Dümmste nicht ignorieren kann, gegen eine Politik der Verbreitung und Förderung des wirtschaftlichen Ruins großer Länder.

Diese Worte von Keynes gelten für die heutige Welt, eine Welt, die Zeuge der russischen Aggression gegen ihren wichtigsten westlichen Nachbarn, die Ukraine, wird. Die These dieses Buches, dass Deutschland direkt mit den USA um Einfluss im Nahen Osten konkurriert, stimmt mit Keynes überein, wenn er sagt: „Wenn wir Deutschland nicht erlauben, Produkte mit Russland auszutauschen und sich so zu ernähren, wird es unweigerlich muss." Wir konkurrieren mit Russland um die Produkte der Neuen Welt." Diese Aussage an sich bestätigt die These, dass Deutschland zweifellos versuchen wird, die US-Interessen im Nahen Osten zu untergraben und einen Petroeuro- oder Petrodeutschmark-Deal mit Saudi-Arabien aufzusetzen, der das alte Petrodollar-Abkommen ersetzt und ausläuft.

Während die USA aus internationalen Angelegenheiten verschwinden, wird deutlich, wie die USA ihren eigenen wirtschaftlichen und innenpolitischen Niedergang herbeiführen. Es zeichnet sich ab, dass sich der russische Rubel erholen wird, da Russland den USA Düngemittel vorenthält und damit den Ethanolmarkt mit seinen Weizen- und Maisüberschüssen übernimmt. Dies würde mit Deutschlands militärischer, politischer und wirtschaftlicher Expansion in Westeuropa und Saudi-Arabien zusammenfallen, das Öl gegen deutsche Währung im Austausch gegen Sicherheitsgarantien aus Deutschland verkauft. Sowohl Deutschland als auch Russland teilen die gleichen Ziele einer multipolaren, multilateralen Welt und könnten versuchen, den Nichtangriffspakt zusammen mit einem Wirtschaftsabkommen und einem Geheimprotokoll, das ihre jeweiligen Einflusssphären umreißt, wiederherzustellen. Zentralafrika wird dafür die Plattform sein, da die Aufrechterhaltung einer multipolaren Welt die Abschreckung der einen Einheit erfordern wird, die darauf besteht, ihren unipolaren Moment fortzusetzen. Dies würde erreicht, indem die Versorgung mit einem der wichtigsten Mineralien für militärische Stärke kontrolliert wird. Dieses Mineral ist Kobalt.

Der neue Nichtangriffspakt zwischen Deutschland, Russland und der Demokratischen Republik Kongo (DRC) könnte einen Friedensplan inszenieren, in dem Russland Kobalt im Kongo abbauen darf, im Austausch dafür, dass Russland der DRC militärische Unterstützung leistet und dies zulässt Der Präsident der Demokratischen Republik Kongo soll damit in Russlands geopolitischen Krisen vermitteln. China würde die Infrastruktur im Kongo weiter ausbauen, während Deutschland der Demokratischen Republik Kongo Waffen aus der Ukraine zur Verfügung stellen würde, im Austausch dafür, dass es im Kongo einen Damm bauen darf, um grünen Wasserstoff zu entwickeln, mit der Option, Kobalt entweder direkt von Chinesen oder Russen zu kaufen Bergbauunternehmen, die im Kongo tätig sind.

Im Rahmen dieses Abkommens wird die ukrainische Wirtschaft durch den Aufbau einer Rüstungsexportindustrie gestärkt, deren Hauptabnehmer Deutschland wird, indem es Waffen aus der Ukraine kauft und sie nach Zentralafrika verschifft. Diese Vereinbarung würde in Deutschlands neuem Nichtangriffspakt mit Russland detailliert beschrieben. Sobald der größte Teil des Krieges zwischen der Ukraine und Russland abgeklungen ist, wird die Ukraine ein beträchtliches Militärarsenal angehäuft haben, das ihr von den Vereinigten Staaten und einem Großteil Westeuropas geliefert wird, und wird die Voraussetzungen dafür schaffen, dass die Ukraine der größte Nettoexporteur von Waffen wird .

Der Konflikt in der Ukraine, vom Bürgerkrieg in der Ostukraine im Jahr 2014 bis zur russischen Invasion in der Ukraine im Jahr 2022, hat die Notwendigkeit unterstrichen, die Armee und die Verteidigungsfähigkeiten der Ukraine zu stärken. Ein Großteil dieses Bedarfs wird schließlich durch Waffenproduktion, -modernisierung und -reparatur auf die Schultern des militärisch-industriellen Komplexes der Ukraine fallen. Aber seit der russischen Invasion des Landes im Jahr 2022 hat die Waffennachfrage der Ukraine ihr Angebot überschritten, und aus diesem Grund wird sie in naher Zukunft zu einem Nettoimporteur von Waffen, was darauf hindeutet, dass sie immer noch für Waffen bezahlen müssen, die ihnen von der Ukraine geliefert werden West wurden als Reaktion auf die russische Invasion geliefert. Der Bürgerkrieg in der Ostukraine im Jahr 2014 und die russische Invasion in der Ukraine im Jahr 2022 hatten dazu geführt, dass der ukrainische Waffenexportmarkt zusammengebrochen war und von seiner vorherigen Position unter den Top 10 der weltweiten Waffenexporte zurückgefallen war. 2012, vor dem Bürgerkrieg im Donbass, war die Ukraine der viertgrößte Waffenexporteur der Welt. Damit die ukrainische Armee auf dem globalen Waffenmarkt konkurrenzfähig ist, müssen Waffenhersteller in der Region außerdem Waffen produzieren, die dem technologischen Niveau der importierten Waffen entsprechen. Dies erfordert ein gewisses Maß an Reverse Engineering. Diese Erkenntnis des Rüstungsexportpotenzials der Ukraine wird jetzt relevant, da ihre Waffenlieferungen exponentiell zugenommen haben und die wirtschaftliche Erholung immer noch ein Problem ist, das angegangen werden muss. Die Ukraine ist in Bezug auf die Waffenproduktion hinter den technologisch fortschrittlichsten Nationen der Welt zurückgeblieben, und die meisten Waffen, die vom militärisch-industriellen Komplex der Ukraine hergestellt werden, stammen mit einigen geringfügigen Verbesserungen aus der Sowjetzeit. Aber jetzt, mit dem Krieg in der Ukraine im Jahr 2022, werden die einheimischen Waffenhersteller der Ukraine Zugang zu neuen Technologien haben.

Die USA versuchen, den Kreuzzug anzuführen, indem sie auf kobaltarme Kathodenmaterialien für Elektrofahrzeugbatterien drängen. Die einzige vielversprechende Perspektive scheinen Kathodenmaterialien mit hohem Nickel- oder hohem Mangangehalt zu sein. Dennoch sind die USA kein bedeutender Nickelproduzent und werden wahrscheinlich vom ausländischen Vertrauen in das Material abhängig bleiben. Der Unterschied zwischen Nickel und Kobalt in Bezug auf US-Importe besteht darin, dass es für die USA einfacher wäre, Nickelimporte aus Kanada zu sichern als Kobaltimporte aus Zentralafrika. Die andere Option ist Mangan. Batterien mit einer Kathode mit hohem Mangangehalt sind sicherer und billiger als solche mit Kathodenmaterialien mit hohem Nickelgehalt. Allerdings gibt es in der Batterieforschung immer einen

Der Fall des US-Dollars

Kompromiss. In diesem Fall von höherem Mangan verringert die Erhöhung des Mangangehalts die Stabilität der Kathode, was ihre Leistung beeinträchtigt. Die US-Verteidigung finanziert die Erforschung von Mangankathoden für Batterien, um ihre Abhängigkeit von Batterieimporten aus China zu verringern. Eine erfolgreiche Implementierung von Mangan, das auf der Erde häufiger vorkommt als Kobalt, würde die allgemeine Abhängigkeit von kongolesischem Kobalt verringern. Während viele der Forschung zur Verwendung von Mangan in EV-Batterien vertrauen, gibt es immer noch Stabilitätsprobleme, die nicht gelöst wurden.

Der Kongo verfügt über 70 % der weltweiten Versorgung mit Kobalt, dem wichtigsten Element in Lithiumbatterien, da es sie vor Überhitzung und Feuer schützt. Wenn Russland Zugang zu den Kobaltreserven des Kongo erhält, werden sie einen gewissen Einfluss auf Chinas Exporte von Lithiumbatterien und damit auf die Verteidigungsfähigkeiten der meisten Länder haben, da die überwiegende Mehrheit der modernen Militärausrüstung auf batteriebetriebener Elektrizität beruht. Derzeit hat China als größter Exporteur von Lithiumbatterien und Lithiumhydroxid den größten Einfluss in dieser Hinsicht. Wenn der Kongo den Russen Zugang zu seinen Kobaltreserven bietet, wird Russland einen ähnlichen Einfluss auf den Westen haben wie China, und dies wird höchstwahrscheinlich mehr westliche Nationen unter Druck setzen, mit Russland genauso vorsichtig zu sein wie mit China, um die USA nicht zu verärgern Wirtschaftsordnung. Diese Abhängigkeiten scheinen das einzige Hindernis für den Ausbruch größerer Kriege zu sein.

Im Moment müssen alle angeblichen Kobaltersatzstoffe in Bezug auf Batterielebensdauer und Zykluslebensdauer noch mit Kobalt mithalten, die beide für US-Verteidigungssysteme, längere Missionen und Langstrecken-EVs unerlässlich sind. Während der Einsatz von kobaltfreien Batterien in Haushalten/Haushalten in naher Zukunft machbar sein könnte, werden unsere Schlüsselindustrien aufgrund der geringeren Energiedichte kobaltfreier Batterien noch einige Zeit auf Batterien angewiesen sein, die ausreichend Kobalt enthalten. Wenn China und Russland die Kontrolle über einen Großteil der weltweiten Kobaltreserven erlangen, wird die nationale Verteidigung der USA wirtschaftlich von diesen Ländern abhängig sein, um ihre eigenen Verteidigungsfähigkeiten aufrechtzuerhalten. In diesem Fall hätten China und Russland mehr Einfluss, um eine rücksichtslose US-Außenpolitik abzuschrecken.

Der Fall des US-Dollars

Literaturverzeichnis

Alle unten aufgeführten Quellen wurden verwendet, um Themen in diesem Buch zu paraphrasieren und zu erklären

https://www.sandstoneam.com/insight/rise-of-the-petrodollar
DIE ROLLE DES US-DOLLARS ALS RESERVENWÄHRUNG DER WELT WURDE ERSTMALS 1944 MIT DEM BRETTON-WOODS-ABKOMMEN FESTGELEGT

Kevin L. Kliesen und David C. Wheelock, „Managing a New Policy Framework: Paul Volcker, the St. Louis Fed, and the 1979-82 War on Inflation", Federal Reserve Bank of St. Louis Review, First Quarter 2021, S 71-97. https://doi.org/10.20955/r.103.71-97

Wikipedia-Mitwirkende. (2021, 10. September). 1973–1974 Börsencrash. In Wikipedia, der freien Enzyklopädie. Abgerufen am 10. März 2022 um 21:19 Uhr von https://en.wikipedia.org/w/index.php?title=1973%E2%80%931974_stock_market_crash&oldid=1043567392

Wikipedia-Mitwirkende. (2022, 8. März). Golfkrieg. In Wikipedia, der freien Enzyklopädie. Abgerufen am 10. März 2022 um 21:20 Uhr von https://en.wikipedia.org/w/index.php title=Gulf_War&oldid=1075986328

„The Mars Hypothesis" von Anthony of Boston

„Welche Sanktionen werden gegen Russland verhängt, weil es in die Ukraine einmarschiert ist?" https://www.bbc.com/news/world-europe-60125659

„Reduzieren Sie die Abhängigkeit des Pentagon von China, indem Sie die US-Batterie der Elektronikindustrie aufladen" von Jeffrey Nadaner https://www.defenseone.com/ideas/2021/07/reduce-pentagons-abhängigkeit-china-laden-us-batterie-elektronik-industrie/183729/

„Vor der Invasion erregte der Lithiumreichtum der Ukraine weltweite Aufmerksamkeit" Geschrieben von Hiroko Tabuchi https://indianexpress.com/article/world/before-invasion-ukraines-Lithium-Reichtum-erregte-globale-Aufmerksamkeit-7799024/

„Chinesisches Unternehmen als Betreiber einer Kobaltmine im Kongo entfernt" Artikel der New York Times von
Von Eric Lipton und Dionne Searcey
https://www.nytimes.com/2022/02/28/world/congo-cobalt-mining-china.html

Bernstein, Eduard. „Überlegungen zu Bretton Woods". Im Internationalen Währungssystem: Vierzig Jahre nach Bretton Woods, 15-20. Boston: Federal Reserve Bank of Boston, Mai 1984.

Bordo, Michael D. "Goldstandard." Im kompakten Lexikon der Wirtschaftswissenschaften. Bibliothek für Wirtschaft und Freiheit. Artikel veröffentlicht im Jahr 2008.

Bordo, Michael, Owen Humpage und Anna J. Schwartz, „US Intervention during the Bretton Wood Era: 1962-1973", Working Paper 11-08, Federal Reserve Bank of Cleveland, Cleveland, Ohio, April 2011.

ARGONNE NATIONALES LABOR
Forscher sehen Mangan als Schlüssel zu sichereren, billigeren Lithium-Ionen-Batterien VON CHRISTINA NUNEZ|4. JUNI 2020
https://www.anl.gov/article/researchers-eye-manganese-as-key-to-safer-cheaper-lithium-ion-batteries

Eichengreen, Barry. Exorbitantes Privileg: Der Aufstieg und Fall des Dollars und die Zukunft des Internationalen Währungssystems. New York: Oxford University Press, 2011.

„Öl, Waffen und Realpolitik: Warum manche Länder mit Russland befreundet bleiben wollen" von Dan De Luce
https://www.nbcnews.com/news/world/even-us-allies-are-reluctant-confront-russia-invasion-ukraine-rcna20686

Lehren aus dem Zusammenbruch der Rubelzone
Anders Aslund PDF https://www.ifo.de/DocDL/forum-2016-4-aslund-ruble-zone-collapse-december.pdf

Der afghanische Kommandeur sagt, die Armee sei „von Politikern und Präsidenten verraten" worden. VON MYCHAEL FAST - 25.08.21 14:10 ET https://thehill.com/policy/international/569386-afghan-commander-says-army-was-told-by-politics-and-presidents/

Wikipedia-Mitwirkende. (2022, 21. März). Abzug der US-Truppen aus Afghanistan (2020–2021). In Wikipedia, der freien Enzyklopädie. Abgerufen am 9. April 2022 um 15:04 Uhr von https://en.wikipedia.org/w/index.php?title=Withdrawal_of_United_States_troops_from_Afghanistan_(2020%E2%80%932021)&oldid=1078361536

Twin Defizits and the Fate of the US Dollar: A Hard Landing Reexamined by Rod Thompson
https://jpia.princeton.edu/sites/jpia/files/2008-6.pdf

https://www.forbes.com/sites/afontevecchia/2011/09/08/what-would-happen-if-germany-seceded-from-the-eu/

https://www.dw.com/en/germany-commits-100-billion-to-defense-spending/a-60933724

Scharf, Peter. "Bretton-Woods-System". In The New Palgrave

Dictionary of Economics, Second Edition, herausgegeben von Steven N. Durlauf und Lawrence E. Blume. Palgrave Macmillan, 2008.

Meltzer, Allan H. "US-Politik in der Bretton-Woods-Ära." Federal Reserve Bank of St. Louis Review 73, No. 3 (Mai/Juni 1991): 54-83.

Patinkin, Don. "Keynes, John Maynard (1883–1946)." In The New Palgrave Dictionary of Economics, Second Edition, herausgegeben von Steven N. Durlauf und Lawrence E. Blume. Palgrave Macmillan, 2008.

Stasi-Staat oder Arbeiterparadies - Sozialismus im
Deutsche Demokratische Republik und was aus ihr wurde
von Bruni de la Motte & John Green
Erstmals 2015 in Großbritannien veröffentlicht
Copyright © John Green & Bruni de la Motte

Wikipedia-Mitwirkende. (2021, 21. Juli). Wirtschaftsgeschichte der deutschen Wiedervereinigung. In Wikipedia, der freien Enzyklopädie. Abgerufen am 4. April 2022 um 13:49 Uhr von
https://en.wikipedia.org/w/index.php?title=Economic_history_of_the_German_reunification&oldid=1034725466

April 2019 Länderbericht Abteilung Naher Osten und Nordafrika
"Saudi-Arabiens Perspektiven auf Deutschland: Wahrnehmungen und Zukunft
Potential for Cooperation" von René Rieger & Sebastian Sons (Seiten 14-18 erläutern anhand dieser Quelle die Beziehungen Deutschlands zu Saudi-Arabien)

Caldwell, PC, & Hanshew, K. (2018). Deutschland seit 1945: Politik, Kultur und Gesellschaft. (Seiten 58 und 59 erklärt die westdeutsche Verfassung anhand dieses Buches)

„Weltgrößter Staudamm ‚könnte billigen grünen Wasserstoff aus dem Kongo nach Deutschland schicken'" Von Bernd Radowitz https://www.rechargenews.com/transition/worlds-largest-hydro-dam-könnte-billigen-grünen-wasserstoff-vom-kongo-nach-deutschland/2-1-871059 versenden

Erstellung des Bretton - Woods -Systems durch Sandra Kollen Ghizoni, Federal Reserve Bank of Atlanta
https://www.federalreservehistory.org/essays/bretton-woods-created (Seiten 7-9 in Kapitel 1 verwendet diese Quelle)

Der gestürzte Präsident ist „bereit, für die Zukunft der Ukraine zu kämpfen" 28. Februar 20148:30 Uhr ET MARK MEMMOTT – ist bereit, für die Zukunft der Ukraine zu kämpfen

US-Beamte sagen tödliche Waffen auf dem Weg in die Ukraine

https://www.cnbc.com/2017/12/23/us-officials-say-lethal-weapons-headed-to-ukraine.html

Fedir Zhuravka, Rostislav Botvinov, Marharyta Parshyna, Tetiana Makarenko und Natalia Nebaba (2021). Integration der Ukraine in den Weltwaffenmarkt. Innovatives Marketing, 17(4), 146-158. doi:10.21511/im.17(4).2021.13

https://www.bbc.com/news/world-15572775 Russland verärgert über US-Schuldspruch gegen Viktor Bout

Ausgabe Juni 2018 des Finance and Development Journal, Seite 14
https://www.imf.org/external/pubs/ft/fandd/2018/06/pdf/fd0618.pdf

„Russische Prioritäten in Lateinamerika verstehen" von Vladimir Rouvinski
https://www.wilsoncenter.org/sites/default/files/media/documents/publication/ki_170117_cable_russia_latin_american_v1.pdf

(Das Dokument von R. Craig Nation stammt von der offiziellen NATO-Website nato.int)
https://www.nato.int/cps/en/natohq/news_25864.htm?sselectedLocale=en

Hier ist die URL für das PDF:
https://www.nato.int/acad/fellow/98-00/nation.pdf (Seite 103 verwendet diese Quelle für ein Zitat über die NATO-Provokation)

Wikipedia-Mitwirkende. (2022, 15. März). Huthi-Übernahme im Jemen. In Wikipedia, der freien Enzyklopädie. Abgerufen am 12. April 2022 um 12:20 Uhr von https://en.wikipedia.org/w/index.php?title=Houthi_takeover_in_Yemen&oldid=1077329319 (Seiten 18-20 verwenden diese Quelle für Informationen über den Jemen)